文成天縱

續宋本叢書

國家圖書館藏

三朝北盟會編（補遺）

〔宋〕徐夢莘 撰

廣西師範大學出版社
GUANGXI NORMAL UNIVERSITY PRESS
·桂林·

國家圖書館藏《三朝北盟會編》補遺
GUOJIA TUSHUGUAN CANG SANCHAO BEIMENG HUIBIAN BUYI

圖書在版編目（CIP）數據

國家圖書館藏《三朝北盟會編》補遺 / （宋）徐夢莘撰. -- 影印本. -- 桂林 : 廣西師範大學出版社，2023.8
（續宋本叢書）
ISBN 978-7-5598-6139-9

Ⅰ. ①國… Ⅱ. ①徐… Ⅲ. ①中國歷史－宋代－編年體 Ⅳ. ①K244.043

中國國家版本館 CIP 數據核字（2023）第 110986 號

廣西師範大學出版社出版發行
（廣西桂林市五里店路 9 號　郵政編碼：541004
網址：http://www.bbtpress.com）
出版人：黄軒莊
全國新華書店經銷
三河弘翰印務有限公司印刷
（河北省三河市黄土莊鎮二百户村北　郵政編碼：065200）
開本：889 mm × 1 194 mm　1/16
印張：35.5　　字數：568 千
2023 年 8 月第 1 版　　2023 年 8 月第 1 次印刷
定價：1280.00 元

出版説明

《三朝北盟會編》二百五十卷，宋徐夢莘撰。明抄本。五十册。原書高三十三厘米，寬十九點五厘米。版框高二十五點八厘米，寬十六點六厘米。每半葉十行，行二十字，白口，左右雙邊，雙魚尾。

學界習稱該抄本爲『季振宜藏明抄本』，現分藏於中國國家圖書館和上海圖書館：藏於國圖的存二百三十卷四十六册，收入『中華再造善本』；藏於上圖的存二十卷四册，即卷一百十一至一百二十、一百三十六至一百四十五，迄今未曾影印。本次即以上圖本爲底本影印。

徐夢莘（一一二六至一二〇七），字商老，臨江軍清江（今屬江西省樟樹市臨江鎮）人。宋高宗紹興二十四年（一一五四）進士，歷洪州新建縣尉、鬱林州司户參軍、湘陰知縣等。其事迹詳見《宋史》卷四三八本傳及樓鑰《攻媿集》卷一〇八《直秘閣徐公墓志銘》。宋光宗紹熙五年（一一九四），撰成《三朝北盟會編》二百五十卷。書中記宋金和戰之事，起自宋徽宗政和七年（一一一七），迄於宋高宗紹興三十二年（一一六二）金海陵王完顔亮伐宋兵敗身亡，跨度四十五年，是宋史研究的基本典籍之一，更是宋金關係史研究的必讀書。《四庫全書總目提要》評曰：『其博贍淹通，南宋諸野史中，自李心傳《繫年要録》之外，未有能過之者。』十分允當。

《三朝北盟會編》自成書起至清末，主要以抄本形式流傳。據邱靖嘉先生研究，在諸多抄本中，季振宜藏明抄本卷帙完整，保存宋本諸多舊貌，文本相對可靠，且保留諸多批校痕迹。目前日益爲學界重視。具體介紹可參見邱靖嘉《國家圖書館藏〈三朝北盟會編〉明抄本考略——兼與許刻本相較》一文。

據該文介紹，國圖本鈐『躋德樓藏』『季振宜印』『滄葦』『御史之章』『季振宜藏書』『張月霄印』『愛日精廬藏書』『秘册』『張承焕印』『子謙』『汪士鐘字春霆號朗園書畫印』『涵芬樓』『海鹽張元濟經收』等。上圖本鈐『汪士鐘字春霆號朗園書畫印』。全書每隔一葉在天頭地脚處分别鈐『躋德樓校藏』『何子宣躋德樓封識』。

又據邱靖嘉先生研究，該版本至咸豐以前仍爲全帙，迭經明人何鈁，清人錢曾、季振宜、蘇氏、張金吾、張承焕、汪士鐘收藏。此後至清末民國，入藏上海涵芬樓，惜已缺失二十卷。涵芬樓後來將其轉交至北京圖書館（今國家圖書館）；而缺失的二十卷，應該於二十世紀五十年代後入藏上圖，此前藏家難以考定。

該版本有一顯著特點，即全書書葉隨見朱、墨、藍三色校筆，雖無法判定校者具體爲何人，亦有重大參考價值。邱靖嘉先生對三色校筆的生成順序、特點及學術水平做了詳盡闡釋，以下結合兩館所藏，再作補充：

一、墨筆筆畫分粗細，當爲不同人所作。一種筆畫細，字小，楷書工整，多在文字右側空隙處批改，現稱爲『細墨筆』；另一種筆畫粗，字大，常徑直在原書文字上塗改，現稱爲『粗墨筆』。如國圖本卷一第一葉前半葉第七行中的『蘇州』，改『蘇』爲『薊』，爲粗墨筆；同卷第二葉前半葉第九行中的『自蘇』，『蘇』旁批字爲『薊』，則爲細墨筆。同卷第三葉前半葉第九行粗墨筆在『馬植』之上改一『而』字，該葉第三行又有細墨筆旁批『藤』字爲『漆』。此類例子甚多，不贅舉。而在上圖本中，偶見粗墨筆，暫未見細墨筆。如卷一百十一第三葉後半葉第九行的『願』，改爲『顧』，第十行的『常』，改爲『當』，同卷第九葉前半葉第九行的『所言』中間插入『宜』；卷一百十五第九葉後半葉第四行改某字爲『脱』，同卷第十四葉後半葉第七行改某字爲『開』；等等。以上均是粗墨筆。國圖本卷五第九葉前半葉第三行『所僕』有細墨筆旁批『付』字，其上有粗墨筆打叉，墨迹叠壓在細墨筆之上，可知細墨筆時間較早，粗墨筆較晚。

二、朱筆筆迹分深淺，當爲不同人所作。全書當中，淺色的朱筆校點痕迹非常多，現稱爲『淺朱筆』（目驗所及，在上圖本中，淺朱筆在所有校點痕迹內，所占比重尤其大），而深色的較少，現稱爲『深朱筆』。以上圖本爲例，卷一百十五第四葉後半葉『審如今』之『今』字上叠有深、淺兩種朱筆，淺色在下，深色在上。淺朱筆所改字已不易識，深朱筆可辨認爲『此』，工整美觀，明顯好於淺朱筆。這説明淺朱筆時間較早，深朱筆較晚。此外，卷一百十五第十葉後半葉第七行、卷一百十八第四葉後半葉第二行、卷一百三十九第十葉前半葉第一行、卷一百四十第二葉後半葉第九行、卷一百四十第四葉後半葉第六行、卷一百四十二第八葉前半葉第七行亦有深色朱筆，均在原字迹上改動。

三、粗細墨筆，深淺紅筆，再加上藍筆，則該版本至少有五種批校痕迹。現據一些細節，對其生成順序作出推斷：第一，全書屢屢可見的是，藍筆大量叠壓在淺朱筆之上，則藍筆時間晚於淺朱筆。第二，藍筆時間早於細墨筆。如國圖本卷三第一葉前半葉第七行『散都』之間有細墨筆旁批『多』字，叠壓在藍筆之上，又卷四第三葉後半葉第一行『忠』字上先有藍筆圈點，後有細墨筆在『忠』前插入『女真』二字，後又塗抹，叠壓在藍筆之上。第三，藍筆時間早於粗墨筆和深朱筆，粗墨筆又早於深朱筆。如國圖本卷一第二葉前半葉第五行『登州』下，藍筆被粗墨筆叠壓，而粗墨筆又被深朱筆叠壓。

綜上，五種批校痕迹從早到晚的生成順序應是淺朱筆、藍筆、細墨筆、粗墨筆、深朱筆。因該版本的批校情况十分複雜，目前的總結僅供參考，也許可以爲更加嚴謹、細密的考證提供一些綫索。

此外，書中還有挖字現象。上圖本卷一百十一第八葉前半葉第八行第四個字被挖去，以便在下面的『朕』字之前抬空；卷一百三十六第七葉後半葉第五行『掠豪』中的『豪』字亦有挖紙的痕迹。

值得强調的是，該版本還經由黄丕烈校對過。國圖本夾有一葉黄丕烈題跋，上有『士禮居』印，内容則是對卷二百五十所作的校補筆記。檢其對應葉面，知原書葉面有破損，黄氏借另一版本校對，補全破損處的字，即所謂『從觀稼樓鈔本補紙損處缺文，戊寅夏四月蕘翁借讀記』。『觀稼樓』即吕留良藏書樓，《中國古籍善本書目·史部·編年類》記南京圖書館藏有清觀稼樓抄《三朝北盟會編》，當即黄氏昔日所據之本，惜今祇存四十三卷；『戊寅』爲嘉慶二十三年（一八一八）。黄氏所言『借讀』，未明借自何人，推測當是張金吾，二人交游較密，時有互抄。下將黄氏所補字録出並附對應圖，以供讀者參考。

黃丕烈校補字及對應圖

葉碼	行數	位置	校補字	對應圖
九葉後半葉	一行	『而』下『自』上	人	
九葉後半葉	六行	『思』下『館』上	恭	
十葉前半葉	六行	『賜』下『義』上	御宴葉	
十葉前半葉	九行	『爲』下『使』上	送伴	
十葉後半葉	四行	『之』下『盡』上	急亨祖	
十葉後半葉	五行	『益』下『兵』上	增	
十葉後半葉	五行	『亨』下『不』上	祖以孤城	
十葉後半葉	六行	『流』下『所』上	矢	
十葉後半葉	六行	『中』下『五』上	而死後	

續表

葉碼	行數	位置	校補字	對應圖
十葉後半葉	七行	『落』下『城』上	于地	
十一葉後半葉	二行	『者』下『朕』上	不絕	
十一葉後半葉	三行	『此』下『審』上	浸失招徠之意卿等可	
十一葉後半葉	四行	『江』下『願』上	邊諸州軍差遣如士人	
十一葉後半葉	五行	『序』下『宜』上	教養及令應舉其餘隨	
十一葉後半葉	六行	『得』下『欣』上	安未來者聞之必	
十一葉後半葉	七行	『曰』下『依』上	謹	

觀黃跋及對應圖，可知黃氏校書態度一絲不苟，所據皆有源可循，所存筆記層次分明，一目瞭然。故有人用朱筆在同一紙上的左上角題曰：『校證。此批快人筆！』黃氏藏書、校書成癖，曾自言：『余好古書，無則必求其有，有則必求其本之異，爲之手校。校則必求其本之善，而一再校之，此余所好在是也。』（清黃丕烈著，屠友祥校注：《蕘圃藏書題識·劉子新論十卷》，

上海遠東出版社，一九九九年，第三三四頁）其所好在此，又廣求宋元善本與精校名抄本，故所校古籍數量多、質量精。僅就廣西師範大學出版社『續宋本叢書』而言，除了此部《三朝北盟會編》，還有幾種亦留下了黄氏題跋，其中均有精審的校勘記録。如宋刻配元抄本《圖畫見聞誌》，黄氏將其所得一册『翻宋本』與所藏全帙明影宋刻本《圖畫見聞誌》相校，發現前者有避忌宋諱等特徵，遂鑒定爲宋本。又據後者與元抄本對校，發現字句小異處比比皆是，便斷定元抄本所據底本是另一宋本，爲真知灼見。再如黄丕烈舊藏《注東坡先生詩》。黄丕烈曾從大藏書家周錫瓚處借觀宋嘉定淮東倉司刻本《注東坡先生詩》，與康熙宋犖重刊本校勘，發現重刊本失校之處甚多，益證宋本精妙。周錫瓚深服黄丕烈『藏書而能讀書』，遂將此書慨然轉讓。可知黄丕烈藏書富有盛名又精於版本鑒定的成就，其實與其校勘事業相輔相成。黄丕烈無愧於『校勘學家』一稱。

國圖本所附題跋可爲研究黄丕烈校書事業添一力證，惜『中華再造善本』影印國圖本時未收黄跋，又影印時去除了原書底色，以致該版本各色校筆和補紙、補字的層次不太明顯，黄丕烈所補之字與原書字迹難以分辨。現附黄跋於書末，以爲文獻學研究者提供新資料。

該版本較好地保存了宋本舊貌，文字準確性相對較高，日漸受到學界重視。本次將上圖本影印出版，可與國圖本合爲全璧，大力襄助相關學術研究！

廣西師範大學出版社北京文獻出版中心

二〇二三年六月

目録

三朝北盟會編一百十一之一百十五

炎興下帙

第一百十一卷

起建炎元年七月七日乙未盡十六日甲辰

第一百十二卷

起建炎元年七月十六日甲辰盡八月十四日辛未

第一百十三卷

起建炎元年八月十四日辛未盡十

月二十九日乙酉

第一百十四卷

起建炎元年十一月丁亥朔盡二年

正月十一日丙申

第一百十五卷

起建炎二年正月十二日丁酉盡二

月十九日甲戌

三朝北盟會編卷第一百十一

朝散大夫充荊湖北路安撫司參議官賜緋魚袋臣徐夢莘編集

炎興下帙十一

起建炎元年七月七日乙未盡十六日甲辰

七日乙未宣示 太上皇帝親書絹背心八字諭宰相黄潛善等

上出絹背心一領宣示泣諭宰臣等曰 道君太上皇帝自燕山府密遣使臣曹勛齎來背心領中有親書八字曰便可即眞來救父母羣臣皆泣奏曰此乃 陛下受命於 道君太上皇帝者宜藏

之宗廟以示萬世
借通直郎直龍圖閣河北西路招撫使張所上殿
張所上殿面賜章服遣行所具畫一乞以京畿兵
三千爲衛於大名府置司一面遣官於河北西路
告諭招撫山寨首領民兵候就緒日渡河先復濬
衛懷州真定府次解中山府等處圍乃以民兵給
地養之如陝西五路弓箭手法乃乞緡錢百萬以
爲半年之費
金人陷慈州權知軍州事張昱棄城率衆走
張昱平陽府吏人也犯罪刺配至靖康間在平陽

境内山中聚衆數千會慈州無守軍民共議迎昰
入州權知軍州事金人屢犯其境皆不攻徑過至
是金人乃以兵至慈州州無城不守昰遂棄城率
其衆出奔金人陷慈州即時撫諭而去
十三日辛丑京城留守范訥降授承宣使淄州居住
宗澤入京師
臣僚上言范訥爲宣撫使日專懷顧望無意勤王
軍律不嚴不能戢士遂降授承宣使罷留守淄州
居住　上初即位宗澤嘗力請因天下兵集親征
迎請　二帝力圖中興黄潜善汪伯彦沮止之乃

加澤待制知襄陽府澤又乞兵十萬往收復河北不許訥既罷遂以澤爲京城留守丙午澤入京師治事

林泉野記曰范訥字子辯開封人武舉中第爲童貫門客累樞密都承旨貫爲宣撫使訥常爲參謀還節度使靖康中虜陷太原加訥檢校少保河北河東宣撫使以兵五萬屯河北河東訥同馬忠王元王淵韓世忠退師應天金人攻城訥屢敗之建炎初除東京留守邵溥副之在任三月李綱相素與訥不協降承宣使淄州居後退居邵州年老從

居夔州依其姪總以卒

詔請　元祐皇太后幸楊州

王𤫊傳亮上殿面賜𤫊器甲三萬人就陜府置司與

金人河中府解州對壘一面遣人結約河東山寨豪

傑民兵收復州縣候兵集日乘機會過河得旨從之

左正言鄧肅劄子言叛臣乞立格定罪

劄子曰臣謂叛臣曾事僞楚大小輕重固有不等

欲乞立罪格一定於此然後按僞楚之籍取叛臣

姓名就格斷之庶幾君臣之間皆不得容私伏蒙

陛下爲臣昨在圍城之中固知姓名令臣奏來臣

謹取旨所撰二格以按叛臣之罪爲　陛下盡陳
之言所論叛臣之上者其惡有五一曰諸侍從而
爲執政者王時雍徐秉哲吴幵莫儔李回是也其
二曰諸庶官及宫觀而起爲侍從者如司農卿胡
思太府卿朱宗之爲侍郎大理卿周懿文爲大尹
盧襄李擢范宗尹等皆起於宫觀以爲侍從是也
胡思周懿文今者桎梏固不足論請論餘者且金
人破城自南壁始李擢盧襄提舉其事日聚羣小
浩歌城上虜已塞濠恬然不顧破京城者實此二
人范宗尹昔當宣和廷對揣王黼之意數蔡何之

罪遂竊虛名以居臺諫當官則以奴僕事耿南仲以取侍從城破則以妾婦事范瓊以資口腹及僞楚一立則起於宮觀以爲諫議然不知所陳者何事哉其三曰撰勸進文與撰赦書是也且赦書之惡不減勸進其詞云有堯舜之揖遜無湯武之干戈不惟不忠之語可駭天下至於廟諱便不復顧雖犬馬有所不爲朝廷取撰勸進文者投之嶺外而以撰赦者止令分司是不知亦何私於顔博文哉其四曰事務官者金人已有立僞楚之語朝士集議恐不能如禮遂私結十友作事務官講册立

之儀搜求供奉之物悉心竭力無所不至使邦昌
安然得爲揖遜以事美觀皆事務官之力也且
陛下登九五之位無不欣躍如獲再生朝廷不聞
先時以爲事務官者及僞楚之立而十支紛然如
水就下此其情尤可罪也其五曰因邦昌改名是
也何昌言先奏於僞楚之庭乞改爲善言其弟昌
辰遂請於吏部改爲知言惡犯昌字也已上數等
乞定爲叛臣之上賓之嶺外所謂叛臣之次其惡
有三其一曰諸執政侍從臺諫稱臣於僞楚及拜
於庭下者是也所謂執政者如馮澥曹輔是也所

謂侍從者其餘已行遣矣獨有李會尚爲中書舍人所謂臺諫者洪芻黎確等及舉臺之臣是也當時臺中有爲金人根括而被杖四人以病得免其餘無不在僞楚之庭矣且臺諫者天子耳目之官也虜騎逼城尚持講和之論聖駕將出曾無一言之戒天作奇禍則倉皇失措遂於他人之庭復處臺諫之職今日尚有不易舊職者不知其所爲如此又何以論他人之過耶其二曰以庶官而升擢差遣是也然此不可勝數僞楚以後謂之權官而被僞命劄子者皆是也臺省寺監學校勑局無所

不有乞專委留守按籍取之則無有違者其三曰
頤爲奉使者是也黎確之使趙野李健陳戩之使
翁彦國擁兵持僞告左右僕從皆受僞恩馬上
洋洋自號奉使力説勤王師之以爲邦昌久居計
故邦昌曉諭曰只候勤王師退然後開門蓋恃有
二三奉使耳已上數臣乞立爲叛臣之次於遠小
處編管
吏部供到王時雍見係高州安置徐秉哲見係梅
州安置吴幵永州安置莫儔全州安置李回袁州
居住朱宗之朝奉郎李擢柳州安置范宗尹通直

郎提舉杭州洞霄宫盧襄太中大夫權開封府尹
胡思周懿文朝散大夫顏博文澧州安置何昌言
生前尚書工部侍郎何昌辰通直郎通判南劍州
馮獬中大夫提舉成都府玉局觀李會中書舍人
洪芻朝散大夫黎確朝請大夫李健朝請郎陳戩
虞部員外郎奉聖旨吳幵移韶州安置顏博文移
賀州安置朱宗之責授祈州團練副使岳州安置
范宗尹責授忻州團練副使鄂州安置盧襄責授
成州團練副使衡州安置何昌言追授隰州團練
副使及追致仕恩澤何昌辰除名勒停送永州編

管馮獬責授朝議大夫祕書少監分司南京成州
居住黎確李健陳戩遠小處監當撰勸進文及事
務官劉子留守司開具姓名申尚書省
李回責授安遠軍節度副使惠州安置
李會責授承議郎祕書少監分司南京筠州居住
制曰君臣分定宜生死之靡他義命趣殊在賢愚
之所擇豈有本朝之顛沛遽令大節之磷緇爾幸
授國恩與聞機政知拔本塞原之大憤蓋戴天履
地之所同乃甘心二姓之庭至冒寵百僚之上玆
而不問何以馭臣宜從置散之科用正投荒之典

皆爾自取非 朕敢私

十四日壬寅李綱乞降巡幸詔

是日李綱同執政奏事訖留身奏曰朝廷近日外則經營措置河北河東兩路以爲藩籬葺治軍馬討平盜賊内則修政事明賞刑皆漸有緒獨車駕巡幸所詣未有定所中外人心未安 上宣諭曰但欲迎奉 元祐太后及津遣六宫往東南 朕當與卿等獨留中原訓練將士益聚兵馬雖都城可令雖金賊可戰臣再拜曰 陛下英斷如此雖漢之高祖光武唐之太宗不過是也中外未知聖

意乞降詔告諭

十五日癸卯下巡狩詔

朕惟　祖宗都汴垂二百年天下乂寧重熙累洽未嘗少有變故承平之久超軼漢唐比年以來圖慮弗臧禍生所忽金人一歲之間再犯都城信其詐謀終墮賊計盡取子女玉帛遂邀二聖鑾輿六宮戚屬悉擁以行夷狄之禍振古未有四海臣子孰不痛心肆　朕纂承永念先烈眷懷舊京潸然出涕思欲整駕還京謁欽宗廟以慰士大夫軍民之心而民人之餘民物故故　朕之父母兄弟

宗族靡有留者顧瞻宮室何以爲懷是用權時之
宜法古巡狩駐蹕近甸號召軍馬以防金人秋高
氣寒〻再來入冦朕将親督六師以援京城河北
河東諸路與之决戰已詔奉迎元祐太后津遣
六宫及衛士家屬置之東南朕與羣臣将士獨
留中原以爲爾京城及萬方百姓請命于皇天庶
幾天意昭荅中國之勢浸彊歸宅故都迎還二
聖以稱朕夙夜憂勤之意應在京屯兵聚糧修
治樓櫓器具並令留守司京城所户部疾速措置
施行咨爾士大夫軍民體朕至懷無有疑慮故

茲詔示想宜知悉

誅宋齊愈

遺史曰宋齊愈新除諫議大夫是時李擢見任給事中擢與齊愈在圍城中皆非純臣擢謂齊愈爲諫議大夫必論己必得罪且曰先發制人乃不書黄而具齊愈議立張邦昌事繳駮之曰新除諫議大夫宋齊愈昨三月初王時雍等在皇城司聚議乞立邦昌拜大金賊詔畢書立狀時雖時雍等恐懼不敢填寫邦昌姓名而齊愈奮然執筆大書張邦昌三字仍自持其狀以示其四壁無不驚駭齊

愈自言自從二月在告不出誕欺若此今除諫議
大夫士心當是　陛下未知其人邪佞而朝廷未
有人論列更乞聖裁遂罷諫議大夫令御史臺王
賓置司根勘具案聞奏　制曰義重於生雖匹夫
不可奪志士失其守或一言庶幾於喪邦具官宋
齊愈蒙國厚恩爲時顯官方氛祲結蕭牆之內至
腥膻謀閏位之人事既非常坐皆失色所幸探符
之未獲柰何援筆以遽書遺毒至今造端自汝眭
孟五行之說豈所宜言袁宏九錫之文茲焉安忍其
鮮諫垣之職以須廷尉之平邦有常刑朕安敢赦

據王賓勘到通直郎前右諫議大夫宋齊愈招金
人邀請　淵聖皇帝出城未回知樞密院孫傅承
軍前遣吴幵等將文字稱廢　淵聖皇帝共舉堪
爲人主一人及知孫傅等乞不廢　淵聖皇帝不
許須管於異姓中選具姓名申齊愈知孫傅等在
皇城司集議遂到本司見衆官及卓子上有王時
雍等衆議推舉狀草齊愈問王時雍舉誰時雍云
金人令吴幵來密諭意舉張邦昌令已寫下文字
只空着姓名又看得金賊元來文字聲説請舉軍
前南官以此參驗王時雍語言即是要舉張邦昌

齊愈恐違時别有不測爲王時雍曾説吴幵密諭
張邦昌亦欲早了圖出齊愈輒自用筆於紙上書
寫張邦昌姓名三字欲要於舉狀内塡寫却將呈
時雍其時雍稱是又節次徧呈在坐元集議官時
齊愈言道張邦昌衆官看了别無語言齊愈令人
吏依紙上所寫張邦昌姓名三字於已寫到選命
元空闕姓名以治圖事舉狀内塡寫張邦昌姓名
三字了後别寫申狀係王時雍等姓名呈時雍看
了分付與吴幵莫儔將去其舉狀内别無齊愈姓
名所有齊愈寫張邦昌紙片子即時毀了並無見

在只收得王時雍等元議定推舉狀草歸家衿蒙
勘問時懼罪隱伏不招再蒙取會到中書舍人李
會狀軍前遣吳幵莫儔傳大金指揮須管令日於
異姓中選擇具名申即不得引惹趙氏是日在皇
城司聚議忽有右司員外郎宋齊愈自外至見商
議不定即於本司廳前寫文字吏人卓子上取紙
筆就卓子上取紙一片上書寫張邦昌三字即不
是文字上書寫徧呈在坐相顧失色莫敢應無別
語言其所寫姓名文字係宋齊愈手自將却會即
時起去是時只記得侍御史胡舜陟在坐司業董

適午問亦曾在坐未委見與不見其餘御監郎官
會以到京未久多不識之及根勘元狀草子再勘
方招檢會建炎元年伍月一日赦内一項昨金人
逼脅使張邦昌僭號實非本心令已歸復舊班其
應干供奉行事之人亦不獲已尚慮畏避各不自
安其已前罪犯並與放免一切不問勘會上項赦
文係謂張邦昌僭號之後供奉行事之人特從寬
貸法寺稱宋齊愈係謀叛以上斬不分首從勑犯
惡逆以上罪至斬依法用刑宋齊愈合處斬仍除
名犯在五月一日大赦前合原赦後虚妄杖一百

罰銅十斤入官改青重奏裁奉聖旨宋齊愈身爲士大夫當守節義國家艱危之際不能死節乃探金人之情親書僭逆之臣姓名謀立異姓以危宗社造端在前其罪非受僞命臣僚之比可特不原赦依斷仍令尚書省出榜曉諭張浚行狀曰宰相李綱以私意惡諫議大夫宋齊愈加之罪至論腰斬公素與齊愈善知齊愈死非其罪入臺首論綱罷之

十六日甲辰孟忠厚除徽猷閣待制爲迎奉 隆祐太后提舉一行事務步軍指揮使郭仲荀統兵扈衛

司封員外郎楊邁沿路州縣預行計置糧草濟渡舟船
黏罕自草地歸至雲中遣楊天吉使夏國約同忽陝
西金人起燕山雲中中京上京東京平州遼西長春
八路民兵入寇兩河
節要曰渤海萬户大撻不也屯兵河間女真都統
混打渾阿魯保屯兵於保州女真萬户特朮也屯
兵於永寧祁州女真萬户胡沙虎屯兵於霸州女
真萬户聶耳屯兵於冀州女真副統韶合屯兵於
真定遼東漢軍萬户韓慶和屯兵於慶源女真都
統萬佛奴屯兵於雄莫女真萬户余列屯兵於洺

州女真副統蒙哥屯兵於磁相女真萬户銀朮與其弟拔束屯兵於太原新城女真萬户賽里屯兵於嵐憲契丹都統馬五屯兵於平陽契丹有闕字屯兵於慈隰女真萬户石家奴屯兵於汾州女真萬户婁室屯兵於河東蘇村婁室之子鶻眼屯兵於鮮州安邑女真萬户撒离曷屯兵於絳州女真萬户温御名屯兵於澤路女真都統茶曷馬屯兵於孟州陘頭攻守諸州郡元帥府左監軍達懶親圍中山 又曰兩河州郡自賊衍入寇以朝廷指揮皆得便宜行事故各擄人馬以圖自固逐路帥

司不能調發致無連州合勢相援拒賊之理其賊
勢之大又非一州之力可敵故爲賊聚衆併力既
破一州而復攻一州也至是以京城失守　二聖
北狩河北州郡官盡爲官軍作亂害之河東州郡
官多棄城南而走兩河州郡外無應援内復自亂
於是爲賊乘而取之如俯拾遺物惟中山慶源保
莫祁洺冀磁相絳久而陷之

三朝北盟會編卷第一百十一

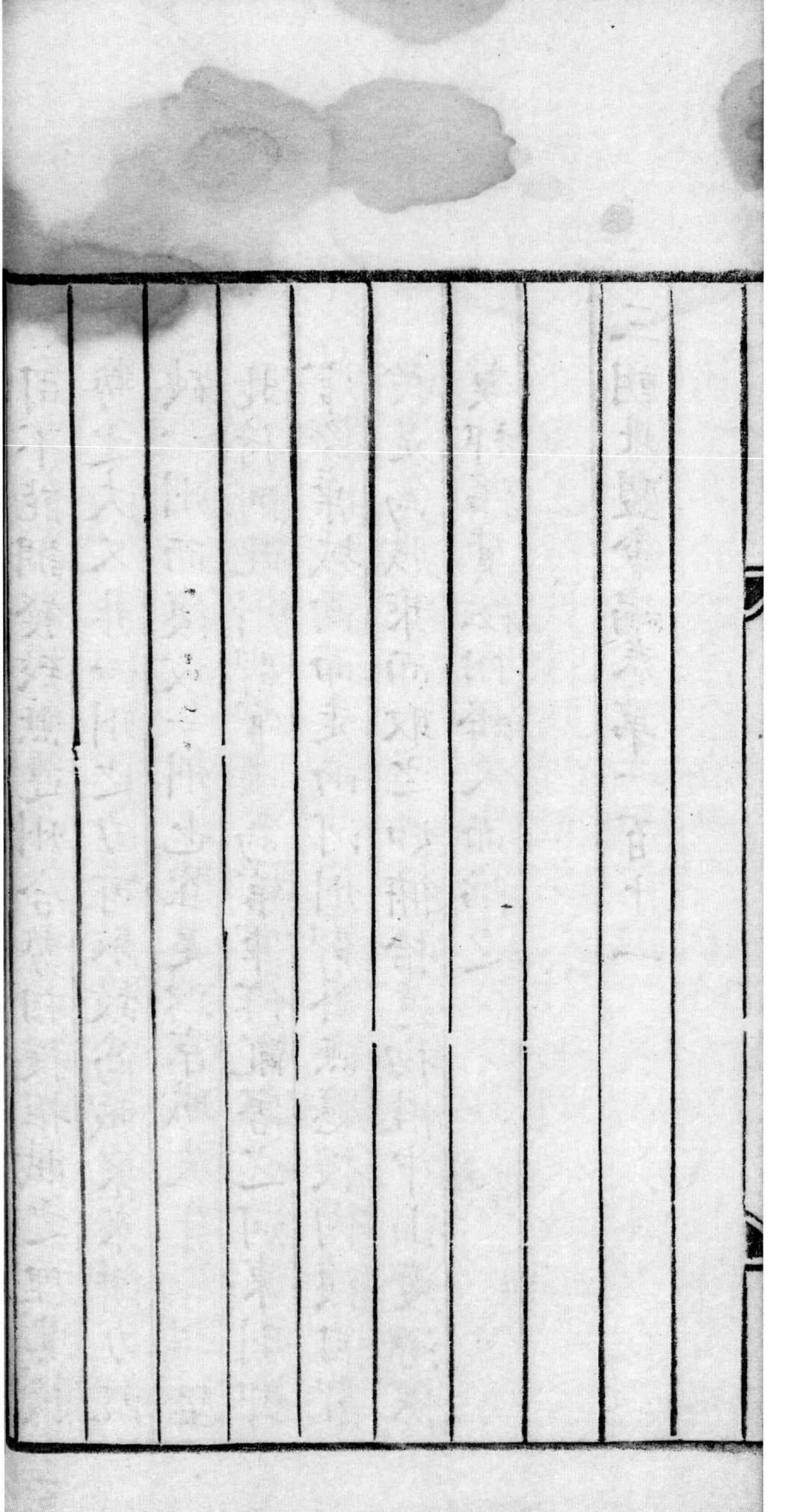

三朝北盟會編卷第一百十二

炎興下帙十二

起建炎元年七月十六日甲辰盡八月十

四日辛未

元祐太后發京師

元祐太后進發以孟忠厚爲提舉一行事務都人

扐望車駕還内而聞太后有南京之行莫不

垂泣扐上遣張俊迎太后至是俊奉騑馭至

行在除俊帶御器械

十七日乙巳李綱乞巡幸

李綱時政記曰劉子大略謂巡幸之策關中為上襄鄧次之建康為下今縱未能行上策猶當襄鄧以係天下之心夫襄鄧西鄰關陝可以召兵北近京畿可以遣援南通巴蜀可取貨財東達江淮可運穀粟山川險固民物淳厚此誠天設以待臨幸願為今冬駐蹕之計得旨定議巡幸南陽

十八日丙午差巡幸官屬

户部侍郎黄潛厚為巡幸提舉一行事務膳部員外郎陳兖幹辦頓遞行宫一行官吏將佐軍兵安泊去處虞部員外郎李儔幹辦相視橋道渡船并

椿辦糧草蕃運使李祐爲隨軍轉運使

十九日丁未計置迎奉神主

是日委兵部員官并太常寺官各一員候巡幸有

日限三日計置合用舟船車乘等迎奉神主赴行

在及據合用人數就太廟親事官擡舁令殿前司

差撥禁軍三百人防護仍專委內侍官二員充同

共都大主管其合行事件並仰條具申尚書省

二十七日乙卯戒諭士大夫詔

朕觀古之爲士者何其分義之明而忠厚之至也

承平之時縻好爵享豐禄相與同安榮多事之際

不擇地不苟免相與同患難故人之好我至於示
我周行王事靡盬至於不遑啓處而鹿鳴四牡之
詩作先王之澤可謂盛矣 祖宗涵養士類垂二
百年教以禮樂風以詩書班爵以貴之制禄以富
之於士無負而士之所以圖報國家者不能無愧
於古人者 二聖播遷宗社幾至於顛覆而伏
節死難者罕有所聞其故何哉肆 朕纂承慨然
思任羣材相與協濟修政事攘戎狄以奉迎鑾輿
而士大夫奉公者少營私者多徇國者希謀身者
衆乞去則必以東南爲請召用則必以疾病爲辭

沿檄以自便者相望于道塗避寇而去官者日形
於奏牘甚者至假託親疾不俟告下挈家而遠遯
夫禮義廉耻正所以責士大夫也所守如此 朕
何望焉豈 朕初嗣大位所以誡告者未至與將
士大夫狃於故習而未能遽革與已詔甚失節者
寘之極典其次投之遠方爲多士萬世之戒其自
令以往各恭乃職一乃心助予一人克復大業底
綏四方以匹休於隆古敢有弗率弗迪尚蹈前態
在内委御史臺在外委監司彈劾以聞邦有常刑
朕不敢赦故茲詔示想宜知悉

八月一日戊午貶寘余大均陳冲洪芻張御材李彝
王及之周懿文胡思夏承等
奉聖旨訪聞昨來京城圍閉王府主第宗室及戚
里之家以至民庶根括金銀等官周懿文王及之
余大均胡思陳冲等因緣爲姦隱匿財物萬數浩
瀚及聚歛歌樂靡所不爲士大夫負國至此難以
一例寬貸可差殿中侍御史黎確馬伸就臺根治
具案聞奏根勘得夏承洪芻張御材各有相犯續
奉聖旨洪芻罷諫議大夫張御材罷刑部郎中胡
思王及之余大均周懿文陳冲並先次放罷令勘

到具撮白刑名下項降授朝散郎前太僕少卿陳
冲差懿親宅抄劄将王府果子喫用摘花歸家與
内人同坐喫酒令内人唱曲子将牙簡等隱匿入公
然受犒賞酒并錢将出剩金銀待隱匿入己令人
收掌未曾收計絹六百一十五匹除罪輕外準條
係監守自盜合絞刑贓罪處死除名該大赦原免
緣五月十八日奉聖旨雖以一例寛貸根治聞奏
朝散大夫前大理卿周懿文抄劄闕字王府蜜煎
等将摩睺羅士女孩兒等歸家受犒設酒及喫宮
人酒果受酒計贓六匹六尺除罪輕外準條行下

合杖六十公罪減外笞五十不曾計到摩睺羅贜
如不滿百文係城内竊盜杖八十如滿百文杖一
百贜罪定斷議減外杖九十罰銅九斤入官放犯
在大赦前合原緣五月十八日奉聖旨雖以一例
寬貸根治聞奏朝議大夫前刑部郎中張卿材差
赴蔡懿親宅金銀喫内人酒果間或内人邊氏離
三四步坐喫酒將抄劄肩兒摩睺羅等歸家受估
贜計絹八疋七尺除罪輕外準條與所部接坐合
徒二年私罪官減外徒一年半合罰銅三十斤入
官放犯在大赦前合原朝散大夫前左諫議大夫

洪芻差抄劄見景王祗候人曹三馬後囑託大均
放出将來本家宿雇作祗候準條係監守内犯姦
合流三千里私罪議減外徒三年追一官吏罰銅
二十斤除名勒停犯在赦前合原朝散郎開封少
尹夏承根括到鄭仲宅坤儀酒擅支作犒設收受
不覺察王及之擅易銀受酒估計絹二十六匹除
罪輕外準條係財物不應入私而入合徒一年半
贓罪爲徒官減外杖一百罰銅十斤入官犯在赦
前合原朝請郎前吏部員外郎王及之抄劄金銀
見官屬将寧德皇后親妹追捉苦辱並不施行及

喫受沂王府婕妤位酒不鈐束覺察人吏與鄭伸家女使劉嬌奴等私通及輒受犒設酒根括到銀買低次銀抵換入已計贓二十五定除罪輕外凖條係以私物貿易特計利以盜論合加役流贓罪追六官除名勒停該犯在赦前合原五月十八日奉聖旨難以一例寬貸根治聞奏朝散大夫前司農卿胡思推擇張邦昌表內添改諂奉及抄劄棣華宅有
祖宗實錄者看并罷館伴不合破馬有太僕少卿差到馬是大王府公然乘騎點數不見實錄十冊是親事官等去失除罪輕外准條係不

應爲合重杖八十議減外杖七十罰銅七斤犯在赦前合原緣五月十八日奉聖旨雖以一例寬貸根治聞奏二人追捉未獲先次據干照人説出逐人罪犯朝請郎前添差開封少尹余大均往景王府喬貴妃位抄劄金銀與內人念馬並坐飲酒唱曲子以告首金銀爲由放喬念馬歸家收養作祇候隱藏根括籠子一隻寄在金銀庫內取去麝香三十臍餘被府尹納了除罪輕外據案不曾估到所盜麝香錢如滿十貫係監主自盜合加役流贓罪追三官除名勒停如滿三十五疋合絞刑贓罪

除名犯在赦前合原縁五月十八日奉聖旨雖以
一例寬貸根治聞奏朝奉郎主客員外郎李彝差
往王府抄劄與内人曹氏等飲會及與内人喬念
馬並坐飲酒知余大均洪芻欲雇買曹氏等放令
逐便及請洪芻曹氏等筵會令曹氏女使唱曲子
除罪輕外准條係不應出謁而出謁合徒二年私
罪追兩官勒停犯在赦前合原案後收坐高伸身
死外就神衛四廂都指揮使温州觀察使范瓊因
根括金銀時告求王及之減免所根括高伸家金
銀數係不應爲重杖八十減外杖七十私罪合罰

銅七斤入官放該赦原武經郎閤門宣賛舍人陳
思恭因括金銀時告求王及之印押虚抄兑納金
人係不應為重杖八十減外杖七十私罪合罰銅
七斤入官放該赦原三省樞密院進呈法寺議曰
棄市　上曰王及之等犯由當戮有司之法如此
但　朕新政重於殺士大夫伯彦對曰好生聖人
之大德　祖宗以來未嘗殺一士大夫　陛下體
祖宗好生之德天下幸甚　上顧潛善曰如何綱
潛善等皆奏曰臣聞天地之大德曰生　陛下誠
能體天地以當生殺之際生民受賜　上稱善奉

聖旨余大均陳冲洪芻情犯深重並當誅戮各特
貸命除名勒停長流沙門島永不放還至登州交
割張卿材責授文州別駕雷州安置李彝責授茂
州別駕新州安置王及之責授隨州別駕南恩州
安置周懿文責授隴州別駕連州安置餘並依斷
内余大均陳冲洪芻張卿材李彝王及之周懿文
胡思令吏部各差使臣一員步軍司各差兵級十
人将校一名防送前去候到貶所取逐州交管文
狀繳申尚書省周懿文等責詞曰昔季文子有言
見其無禮於君者猶鷹鸇之逐鳥雀也故春秋不

誅其人而誅其人之意豈無說哉爾服采在廷官
榮厚禄國家平日何負汝曹方君親危急之時雖
裝不卹其綍乃乘時幸變乾没自私以爲無復朝
廷之治矣嗚呼亦士也何爲而至於此極哉念本
無知誅之奚益俾全首領投畀遐荒尚保餘生毋
忘予德
幼老春秋曰周懿文余大均筆不死唯從貶竄君
子是以知李綱與汪諸公不能輔佐恢復河東河
北之境土也曰失其刑矣
二日己未　李綱乞置水軍

時政記曰劉子謂生於陵者安於陵生於水者安於水南方之人習水而善沒其操舟若神而北人有懼舟檝而不敢登者水戰之利正南人所宜應沿河淮江帥府要郡宜令造戰船募水軍凡習水而能操舟者皆籍記姓名平時許其自便有故則糾集而用之逐時教閱量行激賞必得其力有旨令諸路招置水軍以樓船凌波爲號差御營司幹辦官楊觀復齎空名告江浙募人造船餘路委提刑司措置總領

三日庚申楊惟忠建武軍節度使

時政記曰先是楊惟忠大元帥府都統制擁扈有功故有是命

野記曰楊惟忠驍勇善騎射少爲將靖康初爲高陽關路兵馬副總管　康王開大元帥府惟忠來歸授都統制及黃潛善等勤王兵至皆以屬惟忠

王即位加殿前都指揮使建武軍節度使後進檢校少保以兵一萬衛　隆祐皇太后往洪州聞金人渡江軍皆潰部將司全傳選等去爲盜　太后適虔州惟忠走萬安縣山谷間數日乃還再聚兵數千司全傳選等復降虔賊陳辛圍虔惟忠登陴

力戰賴胡友至敗辛後屯軍洪州李成將馬進來攻呂頤浩率惟忠拒戰進斛去改江西副總管軍于吉時賊楊勍屯吉惟忠與勍叙同姓之好邀勍飲誅其首領而併其兵卒年六十六以其軍隷岳飛

五日壬戌内降白麻李綱尚書左僕射兼門下侍郎御營使黄潛善兼尚書右僕射兼中書侍郎御營副使

李綱制曰門下朕博觀群書歷考治古將啓中興之景運必資希世之儁人俾丕修於政經以大慰於民望爰登碩輔敷告朝路正奉大夫守尚書右

僕射李綱志大而德剛器閎而慮遠自任以天下之重皆謂有王佐之才粤繇高華每著名節螭坳造膝識者想聞其風聲奉常建言公議共推其雅望超躋丞轄進長樞庭風采聳於遐邇聞譽溢於中外稍稽魁柄殊鬱師瞻肆 朕纂臨之初首圖召用之亟遂陞次輔以率群工民情惟嘉國是以定念華夏狃承平而弛備致夷戎伺間隙以肆侵惟民懷舊德而靡忘惟士傒新政而甚切當今朝有內修外攘之志汝其比迹於樊侯 朕欲民臻仰父俯子之安汝其希蹤於裴度使任大事以爾

爲棟梁使斷大疑以爾爲龜筮是用延登上相秉
幹鴻鈞特尊左揆之崇兼貳東臺之峻仍具公爵
陟以文階增衍爰田陪 御名 賁賦洊昐殊渥昭示
顯庸於戲得賢邦家之基汝能追配於前哲論相
人主之職 朕則無愧於古人益遠乃猷以對
朕命可特授銀青光祿大夫守尚書左僕射
黃潛善制曰門下巨川之待舟楫用宏濟於多艱
元首之賴股肱以共成於具體惟時王佐實秉國
鈞相須而成闕一不可茲延登於次輔以同闡於
夫猷式昐渙號之孚爰聳治廷之聽太中大夫守

門下侍郎黃潛善學造聖賢之蘊識窮事物之微
氣粹而慮深誠篤而忠切表儀禁路著望實於朝
端鎮撫巨藩憺威稜於閫寄勤勞一節中外百爲
朕開帥府以臨戎爾與籌帷而贊畫靜密無貳險
夷不渝納言而合嘉謨撥事而無遺策肆　朕纂
承之始尤喜翼戴之恭登聯邇臣而功素顯於時
進秉大政而士不議其速建明愈偉聞譽彌崇念
中夏玩於燕安致外夷肆其侵侮雖國勢之猶弱
賴宸懷之益深　朕欲耆定武功汝其紹蕭曹之
烈　朕欲緝熙治具汝其追丙魏之蹤是用超登

右相之隆兼貳西臺之峻乃進公爵仍陟文階陪
御名井賦之多加衍圭田之厚併頒茂渥丕勸具寮
於戲朕心惟乃知其增修於遠業嘉猷告爾后
尚胥及於丕平諒體至懷奚俟多訓可特授正議
大夫尚書右僕射　先是詔李綱到行在拜正議
大夫尚書右僕射　上即位左右揆皆虛位首以
綱爲右揆至是特授銀青光祿大夫守尚書左僕
射同中書門下平章事并命中書侍郎黄潛善爲
尚書右僕射同中書門下平章事綱兼御營使潛
善御營副使自是宰相始有親兵

十四日辛未傅亮罷制置使發赴行在
内降御筆傅亮兵少不可渡河罷制置副使發赴
行在以臣寮論久在京師逗留不行故也
李綱時政記曰權知大名府張益謙奏言招撫司
搔擾河北盜賊多不若罷之綱奏曰張所令尚留
京師未行不知益謙何以知其搔擾朝廷以金人
攻圍河北民無所歸聚爲盜賊故置司招撫因其
力而用之以解河北之急豈緣置司乃有盜賊方
時艱危朝廷欲有所經略益謙小臣乃敢沮抑必
有使之者遂令分析至八月十二日進呈河東路

經制使司奏狀元降畫一聖旨指揮許令於陝府
置司候措置招集軍馬齊集日渡河續奉聖旨令
聽宗澤節制於陽武伏乞明降指揮以憑遵守綱
奏曰河東經制司所得兵不多自陽武渡河濬衛
懷三州盡係金人所守便爲生界難得糧餉萬一
潰散即朝廷別未有一項軍馬可以措置河東不
若令依元降畫一指揮且於陝府置司招集軍馬
事體爲便黄潛善謂逗留不進致失機會綱奏曰
河東經制司受命啓行才方數日猶尚在京師恐
難謂之逗留今日事勢亦未見機會可乘不若盡

將帥之慮乃可責以成効用其言而績用弗成朝
廷自有典憲議久不决八月十四日内降批傳亮
兵少不可渡河可罷經制副使䓕赴行在

三朝北盟會編卷第一百十二

三朝北盟會編卷第一百十三

炎興下帙十三

起建炎元年八月十四日辛未盡十月二十九日乙酉

東京留守宗澤奏劉乞車駕回京師

宗澤自七月到京師屢上表劄乞回鑾又極論曰臣蒙恩差權知開封府事今到二十餘日物價市盡如平時每觀天意眷顧清明每察人心和平逸樂臣之血誠見將士見商賈見農民見士大夫之懐忠義者咸曰君　陛下歸正九重是王室再

造大宋中興也臣竊料百寮中唱爲異議不欲
陛下歸京師者不過如張邦昌耿南仲姦邪輩陰
與賊虜爲地爾臣願　陛下體堯禹順水之性順
將士順商旅順農民順士大夫之懷忠義者早降
勅命整頓六師及詔百執事示謁款宗廟垂拱九
重之日毋一向聽張邦昌耿南仲姦邪陰與賊虜
爲地者之語又别奏曰臣契勘京城四壁濠河樓
櫓與守禦器具其當職官吏協心併力夙夜自公
率厲不懈增築開濬起造輯理浸皆就緒臣又製
造決勝戰車一千二百兩每兩用五十五人一卒

使車八人推車二人扶輪六人執牌輔車二十人執長槍隨牌護車十八人執神臂弓弩隨槍射遠小使臣專幹辦閱習車事每十車差大使臣總領爲一隊見今四壁統制官日逐教習變化進退左右回旋曲折之陣於城外劄寨又沿河十六縣與上下州軍相接作聯珠寨以嚴備禦臣見使王彥曹中立在河西攻擊收復州縣西京河陽鄭滑等州同爲一體把截探伺次第賊虜畏讋必不敢輕動冐犯自速殄滅又曰臣已修整街御御廊護道杈子平治南薰門一帶御路閒萬邦百姓寓于京

師者日夜顒顒望　陛下迎奉　祖宗之主與
隆祐太后皇后妃嬪皇子天眷歸安大内以福天
下臣夙夜憂思眷眷念念繼之以泣又别奏曰
陛下既即位乃宴安南京四方聞之悚疑胥動遞
相鼓扇聞諸州縣間有驚劫傷殘之患蓋是小民
無知因疑致憂因憂致變旋相殘蹂弗奠攸居茲
無他由　陛下寅畏過當駐蹕别都俯徇姦謀預
圖遷幸使彼狡獪皇惑敢爾横肆盜據竊發有闕字
跼蹐以歸畎畝以操耒鑄劒戟爲農器思不犯于
有司爾若　陛下勑翠華之御俾千乘萬騎回復

輦轂奠枕九重臣竊謂可以垂衣裳而天下治可以坐視天民之阜王室自然再造大宋自然中興尚何夷狄之足憂盜賊之足慮乎

十八日乙亥尚書左僕射李綱罷爲觀文殿大學士提舉杭州洞霄宫

制曰論人臣之大戒罪莫重於擅朝置輔相以仰成責尤嚴於誤國式揚明命敷告治朝具官李綱頃以時才列于清貫屬戎兵之急變參綱轄於中臺同流俗以沽名秉樞機于右府旣總師而敗績舉紕典以投荒肆　朕紹圖惟人求舊念召環之

已賜適機庸之猶虛首登次輔之崇旋陟上台之峻而乃謀謨莫效狂誕罔悛虧恭（廟諱）之通規負弼諧之初望既請盡括郡縣之私馬又將竭取東南之民財以喜怒自分其賢愚致賞罰失當於功罪出令允符於清議婁抗執以還封用若拂於群情必力祈於親札第歆恃恩於己靡思移恕於君比劾江淛搔擾之官亟下閭里寬恤之詔貼改已畫之旨巧蔽外姻之姦茲遣防秋之師寔爲渡河之援顯盼告命厚犒緡錢費踰百萬之多僅達京師而止每訓趣其速進輒沮格以不行設心謂何

專制如此忽覽剡章之奏具除引咎之辭顧物論
以大誼豈邦憲之可屈宜解鈞衡之任俾從祠館
之游仍聯秘殿之近班併推加户之異數以全體
貌以厚股肱於戲國步多難方切履冰之懼鼎司
失職更懷覆餗之虞尚緣注意之未特徇乞身之
請往祗訓誥毋怠省循
李綱每建言頗切直黄潛善汪伯彦忌而譖之又
諷臣僚使言其罪臣僚言綱杜絶言路獨擅朝政
士夫側立不敢仰視事之大小隨意專行買馬之
擾招兵之暴勸納之虐優立賞格公吏爲姦擅易

詔令切庇姻親等事遂罷宰相
汪伯彥時政記曰十八日乙亥内降麻制左僕射
李綱除觀文殿大學士提舉杭州洞霄宫以綱上
表稱疾有請故也
太學生陳東歐陽澈以上書切直死
陳東歐陽澈上書論李綱不可罷黄潛善汪伯彥
不可用乞親征迎請　二帝語切直斬于市行路
之人有爲之哭者
中興姓氏録曰陳東字少陽潤州人歐陽澈撫州
人東在太學博學雄文聲譽甚盛慨然有濟世安

民之志宣和末天下大亂　淵聖即位東率太學
諸生伏闕上書言蔡京王黼童貫梁師成李彦朱
勔亂國害民謂之六賊乞賜誅戮發策親征及京
貫勔等追還早正典刑不從靖康初姚平仲敗宰
相李邦彦忌李綱主戰罷之大金攻城人情甚駭
東引進士伏闕上書言邦彦及張邦昌趙野王孝
迪蔡懋李棁乃社稷之賊李綱乃社稷之臣不可
罷乞召徐處仁唐恪置諸左右閫外事盡付种師
道俄而軍民數十萬大呼闕下請復用李綱擊碎
登聞院鼓殺内侍五十人遂復用李綱而民心定

邦彦等皆譖東以為布衣脅天子累欲罪之　上
不允補迪功郎賜同進士出身東又上五書力亂
之逮炎元年左僕射李綱罷黃潛善汪伯彦用事
東與歐陽徹在應天府伏闕上書言李綱不可罷
潛善伯彦不可用乞親征迎請二帝不允　潛善
伯彦及諸内侍潛於　上驅東徹于市斬之死時
年四十二識者哀其忠義且知喪亂未已也三年
悔誅東等賜東之子錢五百貫賜東徹承事郎
二十日丁丑
元祐皇太后發應天府

元祐皇太后自應天府進發中原之人皆知翠華
将有江都之幸京師父老有相聚涕泣者
東京畱守宗澤奏劄乞且駐蹕南都勿為巡幸
臣伏覩朝廷前遣翁彦國營繕金陵比有詔復遣
官奉迎 太后六宮以往且謂 朕當獨留中原
臣讀詔書私竊疑之此必有進言者勸 陛下聲
爲此言其意必有所屬彼進言者欲 陛下過江
避賊而不思天下託爲愛君以濟其不忠臣願
陛下察其利害之實斷自淵衷早定大計臣學術
空路不能踈古爲證姑借近事一二爲 陛下别

白言之朝廷異時改更三舍以取士欽崇道教以
奉真進貢花石以享上屈意賊虜以講和當時士
大夫阿意順例蒙旌賞其間有識者議論不合稍
加裁抑則必以悖戾怠慢加之譴斥陛下試以
前日之事槩之其頗僻遵承例需擢者果皆忠
藎者乎巡幸之事利害所關萬倍於此三者比進
言之臣談何容易又況利害之端曉然可見陛
下何不討正其實而早黜之無使此曹如異時阿
意順承之人得便文自營而國家獨坐受其弊也
臣重念本朝提封萬里京號爲腹心以祖宗

都此垂二百年宗廟社稷所在而民人依之以居者無慮萬萬計今兩河雖未救寧猶一手臂之不伸也而乃遽欲去而之他非惟不能療一手臂之不伸也又并與心腹而棄之豈祖宗所以付託之意與天下睽睽萬目所以仰望之心哉臣乞陛下且暫駐蹕南都無輕議動臣雖老矣尚當矍鑠鼓勇立辦禦敵之具以圖萬全之舉然後掃除宮禁嚴備扈從奉迎鑾輿謁見九廟非特使神祇祖考安樂之庶幾中原增重而不失天下之大勢也不然是徒爲走計爾示虜以弱非惟不恤兩河

抑又不恤中原且去宗廟 社稷而不顧 陛下
豈忍乎臣爲 陛下惜者此爾故敢直輸血誠幸
陛下留意毋忽又劄子曰且我東京是 祖宗二
百年積累之基業是天下大一統之本根 陛下
柰何聽先入之言而輕棄之欲以遺海陬一狂虜
乎臣觀河東河西河北京東京西之民咸懷寃負
痛感槩激想其慷慨之氣直欲吞此賊虜 陛下
何忍恬聽諛順而不令剛正之士率厲同心勠絶
兇殘乎今東京市井如舊上下安帖如舊但嗷嗷
之人思望翠華之歸謁款宗廟垂衣九重不啻飢

渴之望飲食大旱之望雲霓也臣竊謂陛下一歸則王室再造矣中興之業復成矣

二十二日己卯近降指揮諸路買馬除陝西路每州可令買馬百疋外其東南州軍不係産馬之處並免出其勸民出財助國指揮更不施行

二十八日乙酉尚書右丞許翰資政殿學士提舉杭州洞霄宫

先是翰與李綱素善綱被召薦翰六月有旨端明殿學士許翰復職制曰士有明於遠圖而闇於近患工於爲國而拙於謀身雖當時鑿枘之不同而

令日著龜之先具官許翰蚤明古學出應時須翁
歸兼文武之材無施不可賈誼陳治要之策所慮
蓋深方宏康濟之規忽蹈譴訶之域棲遲閭里淹
歷歲時肆予龥俊之初知汝投閑之久悉還故秩
召對便朝忠不忘君當大攄於素蘊人惟求舊思
復見於老成汝其疾驅以承 朕命綱罷政翰遂
得祠
野記曰許翰字崧老洪州進士中第宣和中爲給
事中言高麗入貢奢侈之事出知亳州後提舉杭
州洞霄宮靖康初以李綱薦召爲御史中丞言蔡

京童貫蔡攸皆坐責俄同知樞密院金人邀求三鎮翰言三鎮弃則京師不可都而天下危矣不許宜乃薦种師道宿將可用又請誅蔡京童貫王黼朱勔楊戩李彥孟昌齡等家族并推治門生黨與上不允翰嘗督姚古种師中兵進解太原之圍及李綱黜并翰罷建炎初綱入相復薦爲尚書左丞綱解機務翰以資政殿學士提舉洞霄宮累官通議大夫紹興三十年卒

九月五日壬辰命巡幸淮甸

御史中丞許景衡奏據探報金人犯河陽汜水等

處逼近東京朝廷雖已遣鄭建雄問勍領兵前去
防遏乞車駕南巡以慰入三省樞密院同奉聖旨
命涓吉巡幸淮甸續據有司選用十月一日宰執
進呈奉聖旨依令朝廷措置施行
臣僚乞考驗京城失守將吏士卒効命與逃遁者誅
賞示戒
臣僚上言竊觀去冬京師失守城池非不高深甲
兵非不堅利士卒非不衆多然上下弛慢嬉戲城
上坐觀其填壕復縱其登城又曰公然逃遁無復
衛上之心遁於城內者反導虜寇劫掠居民遁於

城外者結集徒衆焚刼州縣逮今未能偃兵何以
爲戒若命留守司於胡虜登城之所三二百步内
考驗將吏士卒姓名効命致死者褒其忠義賞賚
其家衣保廪給逃遁得生者梟首示衆屏逐其家
永離其處則人知効死則享榮名而福家屬偷生
則受顯戮而禍妻孥忽有師旅之事其誰不以死
衛其上乎有旨依令宗澤具功罪尤甚之人申朝
廷指揮
七日甲午奉聖旨將來廵幸駐蹕揚州行下知揚州
吕頤浩修治城池膳部員外郎陳兖幹辦頓遞行宫

一行官吏將佐軍兵安泊去處虞部員外郎李儔幹辦舟舡并樁辦糧草發運使李祐淮南轉運使李傳正並差隨軍轉運使

十日丁酉詔巡幸所過無得騷擾

詔曰荊襄關陝江淮皆備巡幸並令因舊就簡無得騷擾訪聞州縣不能深體至意色色求備吏卒並緣爲姦百姓受害 朕臨涖以來欲求民瘼卹民隱思所以爲民利者未厭 朕心有司以巡幸之故乃更前期騷動 朕甚痛之令戎馬驚擾之後盜賊間作 朕夙夜惟念不暫安縱未能盡除

大患使吾民各安南畝其可事一己之奉以重困
吾民乎凡巡幸所過與所止之處當使百姓若不
預知　朕飲食取足以養氣體不事豐美亭傳取
足以庇風雨不易卑陋什器輕便不求備用供帳
簡寡不求備儀可齎以行皆無取於州縣橋梁舟
揖取足濟渡道路無治官吏毋出一切無所追呼
隨從臣僚皆體　朕意有司百吏敢騷擾重寘于
法惟是軍馬芻糧必務豐潔將士寨柵必令寬敞
官無得少懈部使者皆　朕耳目官有違戒勑而
不以聞者當與同罪若自爲騷擾罰更加重許民

越訴

十五日壬寅差兵部郎官太常寺官各一員計置合用舟船迎奉神主仍專委內侍官二員充同共都大主管合行事務各仰條具申尚書省施行

二十一日戊申

元祐太后及六宮至楊州

元祐太后至楊州別立楊州正衙牌曰車駕巡幸駐蹕之門

王彥河北招撫都統制渡河破金人兵收復衛州新鄉縣

樞密院以王彥爲河北招撫司都統制帥張翼白安民岳飛等十一頭項七千人渡大河於已陷州縣措置招撫不順番軍民遂渡河北屢與金人戎兵鏖戰破之收復衛州新鄉縣

二十七日甲寅車駕發應天府

上巡幸江都自應天府進發

十月一日丁巳聖駕發舟巡幸淮甸宰執侍從三司百衛禁旅御營使司五軍將佐扈衛以行

劉光世除殿前都虞候御營使司提舉一行事務都巡檢使

先是命劉光世省視陵寢及規畫控扼河陽還遂
有是命
二十九日乙酉王彦及金人戰于新鄉縣不利兵潰
彦入太行山聚衆衆皆面刺赤心報國誓殺金賊八字
號八字軍兩河響應
王彦既得衛州新鄉縣即傳檄諸郡金人以爲大
兵之至也率衆數萬薄彦壘圍之數重矢注如雨
彦兵寡且器甲踈略疾戰輒不利彦決圍以出其
衆遂潰金人見彦所乘甲馬獨異復盡鋭追擊彦
與麾下數十人馳赴之所向披靡轉十數里弓矢

且盡會日暮得免他將往往復渡河以還彥收散
亡得七百人保龔城縣西山常慮變生不測夜即
徙其寢所其部曲曰我曹所以棄妻子冒萬死以
從公者感公之忠憤期雪國家之恥耳今使公寢
不安席乃反相疑邪我則非人矣遂皆面刺赤心
報國誓殺金賊八字以示其誠彥益自感厲大布
威信與士卒同甘苦未幾兩河響應招集忠義民
兵首領如傅選孟德劉澤焦文通等一十九寨十
餘萬衆綿亘數百里金鼓之聲相聞自并汾相衛
懷澤間唱義討賊者皆受彥約束稟朝廷正朔威

震燕代金人患之列戍相望時遣勁兵撓彥糧道彥每勒兵以待之且戰且行大小亡慮數十百戰斬獲銀牌首領金環女真及奪還河南被虜生口不可勝計

三朝北盟會編卷第一百十三

三朝北盟會編卷第一百十四

炎興下帙十四

起建炎元年十一月丁亥朔盡二年正月

十一日丙申

十一月丁亥朔曲赦應天府宿亳楚泗揚州

朕法羲易之省方體周王之時邁粤自纂圖之歲率勤巡狩之行比繇睢陽來撫淮甸歷宿亳之境域過楚泗之郊圻觀廣陵形勢之雄思 藝祖規模之大講求民瘼修舉政綱念聖人之德好生常軫懷於矜恤而天子所至曰幸得無望於惠綏矧

復茲禮甚希吾人實衆雖戒供須之擾寧徹應辦之勞駐蹕云初惠恩可後宜敷慶宥用慰羣情於戲若日月之有光明或先臨照如天地無不覆載咸所蓋容思萬方之罪在予尚一人之慶有賴悉蠲咎累共迪中和咨爾庶邦咸悉 朕意

四日庚寅詔求能使絶域將萬衆者

朕以眇躬嗣承大器屬時艱危慄如水淵念二聖母后之未還震于夢寐而宗廟生靈之重任常懼弗勝臨御已來備殫智力而人多規利士樂赴功靡弊之餘艱於振起遣兩道請迎之使未副所期

爲中原固守之圖亦慮弗至思得忠信宏博可使
絶域與智謀勇毅能將萬衆者成　朕孝弟之志
而共安中原慮其湮沉弗能自達夫以天下之大
祖宗德澤涵養之久宜多異材副　朕延相仰三
省樞密院昭示　朕意不以有無官資並許詣行
在登聞檢院自陳　朕將不愛爵禄優加禮遇以
表忠義濟時之功

六日壬辰宰執早朝登御舟進榻前奏

九日乙未王彦及金人戰于太行山金人遁去
王彦在西山聚兵既集常慮糧儲不繼一日盡發

軍士運粟會姦人有告虜帥者金人乘虛遽以大兵薄彦壘率親兵乘高禦之衆稍卻彦大呼勇士衆力戰且以強弩飛石齊發金人方稍退金人有死者皆以馬負屍而去自此金人布長圍欲持久困彦彦絶餽運者旬餘彦檄召諸寨兵大至金人乃遁去

遺史曰時金人鋭意中原特以彦在河朔兵勢張甚未暇南侵一日虜帥召其衆酋領俾以大兵再攻彦壘酋領跪而泣曰王都統寨堅如鐵石未易圖也必欲使其將者願請死不敢行其爲所畏如此

十四日庚子車駕次泗州
粘罕約諸酋分寇河南
節要曰粘罕知張邦昌之廢故約諸酋分寇河南
東路窩里嗢入寇山東西路粘罕入寇京西粘罕
又除女真萬户婁室爲陜西路先鋒都統以女真
萬户撒离曷孛堇黒峯以副之寇陜西窩黒嗢自
燕山率衆由清滄渡河以寇山東
二十二日戊申知密州軍事趙野棄城而去
趙野以前執政知密州見山東盜賊縱横宫儀擕
即墨不退翠華乃在淮甸王命不通遂具車檐裝

載輜重以家屬乘轎馬棄一城軍民浩浩長行軍
民偶語兩日不定於是杜彥等乘間作亂
二十四日庚戌密州軍卒杜彥李逵吴順反杜彥自
稱知軍州事追執趙野殺之
趙野棄城去有守衙節級杜彥樂將節級李逵小
節級吴順三人者因民詾詾遂謀作亂且曰方今
盜賊縱横一州生靈豈可無主請自爲知州軍兵
皆聽命彥遂爲知州而逵與順左右之彥遂遣人
追野至張倉鎮執野并其家屬回癸丑彥等坐黄
堂上其徒黨聲喏報捉到趙野彥曰爾爲知州自

般老小欲向南去不知一州生靈誰其爲主野不
能應彦令取木驢來釘其手足野大驚乃呼曰告
太尉願聽一言彦媟駡之衆已撮野跨木驢釘其
手足矣推出譙門淩遲而殺之取其頭戮于市用
一笠兒蓋其上百姓見者爲之垂淚其家屬爲徒
黨分去唯一子學老得脱彦等取密州一城强壯
盡刺爲軍
二十五日辛亥金人陷河間府權府鈐轄孫某廉訪
李某皆被殺
先是知河間府黄潛善以兵赴大元帥府也令鈐

轄孫某權府事金人犯河間府孫鈐轄盡力禦之
高陽關路廉訪使者内侍李某屢率兵與金人接
戰河間府士民伏其忠勇金人攻城之西北角破
而城中築月城護其闕凡築月城三重而三次攻
破時月城已近雲一營是日雲一營中遺火諠亂
金人乘亂攻陷之大肆殺戮至于子城忽傳令戢
兵時城中士民死者已幾半孫鈐轄李廉訪皆死
于亂兵
二十七日癸丑車駕至楊州駐蹕
窩里嗢自燕山率衆由清滄渡河以寇山東粘罕自

雲中率衆下太行渡河陽再陷西京及遣女真萬户
銀术抜東茶曷馬等以寇漢上
節要曰時鄭建雄守河陽翟進扼河清白磊賊不
得渡河皆攻河陽南城建雄之軍遂潰粘罕得渡
首敗姚慶軍於偃師慶死之西京官吏棄城南走
殘民開門以降粘罕遂入西京屯於大内以代州
叛臣李嗣本知河南府事且遣女真萬户銀术輩
寇漢上粘罕不自行者以時宗澤守東京恐澤邀
其後故自據西京與澤相持使漢上之寇無後顧
之憂也

十二月八日癸亥金人陷鄭州知軍州事董庠棄城走

前知階州董庠者因來勤王潰散無所歸宗澤留守東京令庠知鄭州金人犯境澤出兵援之爲金人所敗庠亦棄城而奔金人不入鄭州而退去遂專往京西

遺史曰金人寇西京車駕在楊州金人議進兵殘擾京西乃遣銀朱大王自汜水渡河犯西京京西路制置使河南尹孫昭遠不敢當即引兵避之金人遂陷西京

十二日戊辰金人自龍門渡河沿河安撫使曲方遁

走　自河東一路陷没盡河爲界朝廷以唐重帥
關中重沿河置安撫使以統制將兵守河而安撫
統制屢易最後以曲方爲沿河安撫使方已棄老
皓首黧面知鬼物統兵駐于韓城日以飲酒蹴鞠
爲事未嘗治軍政金人議侵關陝乃遣銀朱大王
提兵一路擾京西又一路自慈隰而南欲寇陝右
婁宿孛堇統之唐重遣總管劉光弼齎金帛犒兵
河上光弼至華州聞金人逼河遂留不進金人自
龍門清水曲方地分奪拒渡河而方猶飲酒以告
者爲妄言金人出龍門山並河而南拒韓城四十

里方始覺知乃擁兵遁走光弼聞之不歸長安而
走邠岐
十九日甲戌金人寇同州知軍州事鄭驤赴井死周
良以同州降於金人
婁宿孛堇自清水曲渡河距同州猶七十里人心
已動不安癸酉金人斬死同州通判及知縣衆官
皆走甲戌同州閉門知州軍事鄭驤赴井死軍民
上城名爲守禦而諠亂無法金人至城下呼請官
員打話軍民謂寄居官承節郎前知沙苑監周良
者子弟所出身可與打話遂同請良良辭不可軍

民曰州縣見任官皆棄城去若承節不向前承當則一城生靈皆遭塗毒良不得已而從之令立青蓋于城上金人遂就來打話且令投拜良曰如大金不殺戮願以城降金人許之良出城見其酋請降金人渡河侵陜西首犯同州同州投拜婁宿孛堇喜以良爲定國軍節度使知同州唯遣十數騎入城索寄居官皇城某追取金宝畢殺之又入州學取書籍而去餘無秋毫之擾

遺史曰秦檜當國鄭驤之親屬爲檜客情意深密驤以死節贈通議大夫猶以爲未爲録其叱罵金

人之節加贈樞密直學士制曰往者人習治安士
喪廉耻遭時紛变坐視傾危蓋平日詭隨罔知尊
主庇民之道故臨事讋懼冝無伏節死難之人
朕承多難每爲永歎儻聞義烈豈無褒揚且官鄭
驤禀性剛明守身端靖始將使指旋剖郡符迫醜
虜之横侵能嬰城而自固旁無應援迄以陷亡蹈
白刃之在前叱羣宄之愈厲雖加䘏典未慰忠䰟
載頒渙渥之恩增賁宥密之直靈兮英爽歆此寵
榮後又請謚謚曰威愍驤赴井時金人猶未傳城
初無固守與呵叱之節可謂詭冒矣

婁室自同州韓城縣界越河以犯長安

節要曰時婁室屯河中蘇村官軍扼蒲津西岸賊不得渡遂潜由上流韓城之域一夕覆冰而過直犯長安於是蒲津官軍不戰自潰

十四日己卯金人銀术陷汝州提點刑獄謝京走被殺

銀术陷汝州將兵挾提點刑獄公事謝京出城奔走爲金人掩襲京被殺緝捕盜賊陳元等領將兵各散去將兵王俊聚衆後據纖蓋山有衆數萬

河東制置使王璞棄陝州奔于興元府

王璞爲河東制置使軍于陝州同州既陷璞之兵

潰亂不能整乃留張昱治陝璞率衆由金商欲入
川州縣震駭欲閉關拒守獨提點刑獄張上行破
衆議迎璞處于興元府給其衣糧
建炎二年正月二日丁亥金人銀朮孛鄧州安撫使
范致虚弃城走權安撫使劉汲率衆出戰被殺
遺史曰初河東制置使趙宗印退軍取商州路出
武關欲赴楊州到方城縣遇范致虚得知鄧州兼
西路安撫使致虚遂招宗印屯于鄧州時建炎元
年冬也至是致虚下車方僅一月而金人犯鄧州
致虚聞風先遁去宗印以其兵帶挾居民出城入

房州往襄陽金人酋帥銀朱大王寇城下轉運使
權安撫劉汲率將兵二千人及兩都監出南門聲
言欲戰武以爲出奔爲金人所掩汲及兩都監被
拘執武曰登時被殺
乾道六年左宣義郎祕書省校書郎兼國史院編
修官劉焞進狀伏念臣先祖父朝議大夫知鄧州
兼京西南路安撫使臣汲起自諸生遭時多故
欽廟收之於放逐擢使京西　光堯録其勞效就除
帥事于時國兵新破虜勢方張漢沔之南四面受
敵孤城散兵無經夕計先祖父臣汲志於急病受

命感遇慷慨自奮誓以死報乃建炎二年正月三
日虜騎犯鄧州先祖父臣汲親統將兵出城與虜
帥銀朱大王二十萬衆接戰在本州城南當陣遇
害五月六日奉聖旨贈兩官特與兩資恩澤當時
死事實迹見於提點刑獄權州事程芾之所奏出
戰始末見於京西使臣將校之所供蒙恩褒贈見
於武勝軍之所被受吏部之所給據一時事勢與
朝廷之委寄士大夫之論議則見於御史中丞許
景衡章疏而先祖父臣汲忠義憤激凡所施置則
見於行狀爲當時先父臣棐自蜀間難即趍京西

朝廷俶擾告命淪失先臣蚤世諸父流離存歿恩
命兩未獲霑因之先祖父沒四十年死節未昭于
時雖於其間累有申明值秦檜當路用兵時事務
從閣東迄無施行自分此生齎恨永已誠不自意
未死之年誤蒙　陛下召自遠方擢寘三館孤賤
亦跡一旦得遇天日昔之無告侶可號訴累年于
茲猶以遭遇聖明未有補報內抱沈痛抑而不發
近者又蒙誤恩待罪史氏獲與諸儒朝夕網羅放
失舊聞稍知紹興之間鄭驤唐重之流贈官賜謚
之典皆因其子孫自言得以推恩乃知聖朝於盡

節之臣隱卒崇終無所不盡而先祖父臣汲當艱
難時伏節死義比於二人迹狀顯著徒以子孫賤
遠不能號天扣地請命聖世致使歲月引久史臣
不書太常不謚忠義大節泯滅無聞其責在臣無
以自贖使臣今日叨塵朝行繆當載筆日見已行
之事而猶隱忍緘默若不祈請將復何顔戴天履
地仰惟　皇帝陛下臨朝厲精大明黜陟日月之
照細大不遺方將崇奬死事御名勸名節使天下
聞風有所砥礪是又先祖父臣汲孤忠暴白之時
子孫沈寃臣庸有所赴愬之日重念國難以來州

鎮牧守何可勝數倉卒之間望風棄城蓋十八九嬰城自守百無一二至於整兵迎敵以必死抗節者又絕無而僅有昨來先祖父臣汲死事之迹旣有上件帥臣所保奏武勝軍所被受使臣將校所供析吏部所給公憑臣僚章疏所論時事一一並可照驗則臣之籲天泣血泥首請命冀獲彰聞上固其所臣竊見唐安史之亂顏杲卿李憕張巡許遠皆盡節於天寶之末至德之初而顯揚於建中長慶之間差次於元和之世褒忠尚義以大儆于時雖數十年之久猶不可已故太常博士獨孤及

議郭知運謚謂不當以過時廢禮則臣於此時控
告君父猶不爲後檢紹興五年十一月四日聖旨
指揮節文應守臣守禦臨難不屈死節昭者不以
官品高下並令本路帥司保明詣實聞奏特與賜
謚臣先祖父臣汲事迹委是應得上件指揮臣今
啣哀瀝血伏詣闕下繳進以聞臣誤被聖獎身居
朝列莫敢興造朦昧僥倖上恩一言涉誣罪當萬
死伏望皇帝陛下天地父母特軫睿慈哀憫死
事之臣申詔有司考按事實悉依建炎紹興詔書
非獨以慰九原孤忠螻蟻小臣生死肉骨之幸亦

庶幾激勸忠義砥礪名節於風俗隆替不無所繫
伏候勑旨續據太常寺申檢準紹興五年十一月
四日指揮節文云云今準省部備準都省批送下
劉焞進狀乞賜祖父謚事今將連到録白照得故
知鄧州權京西安撫使贈太中大夫劉汲先因金
人侵犯鄧州統將官戚鼎提兵戰殁蒙本路提刑
程芾保奏贈太中大夫本寺契勘本官係守臣戰
殁應得上件指揮正月三十日奉聖旨特與賜謚
符施行本寺今欲擬謚二月二十七日奉勑以孤
壘抗方張之虜義弗圖存示本朝有伏節之臣死

爲不朽敬徇易名之請因宏厲俗之規具官劉汲
奥學決科誠心享上值姦回之悪直遭排擯而自
如賜環於靖康更化之初分閫於建炎再造之日
屬兹壤宇正扼賊衝衆避敵以苟全獨舍生而殉
難髪歸若動尚想常山之威眥裂大呼不媿睢陽
之戰哀百身而奚贖即二惠以表尊慮國爲忠捐
軀曰介冀英靈之如在歆卹寵之不忘可特賜謚
忠介
九日甲午簽書武勝軍節度判官廳公事李操叛降
于金人

遺史曰金人犯鄧州官兵守禦劉汲被執守陴者
已見金人作木柵圍城矢穰縣典史格碁之子被
驅虜作柵金人遣入城使諭城中投拜格氏子呼
于城下守陴者皆識之遂釣上城格氏子曰銀朮
大王兵十萬取今日巳時攻城城破雞犬亦不留
君能速便投拜則可以免禍有趙士曹者福建人
欲投拜簽判李操者西京人不欲投拜曰當盡死
節趙士曹曰豈不知盡節死而爲忠雖死無益於
事柰一城生靈何操語塞遂許諾與趙士曹同出
城見銀朮大王投拜銀朮折箭爲誓不洗城由是

金人遂入城初　淵聖用宰相白時中之議欲幸襄陽而鄧州爲行宮截留四川輕賫綱及聚糧草至是盡爲金人所得又需索百色技藝人及金銀物帛如京師圍城中根括之法

粘罕兀室屯西京　窩里嗢陷青維二州

婁宿孛堇陷延安府

金人陷延安府東城是時鄜延路經略使王庶在鄜州家屬在延安府奔走得達鄜州權知延安府事劉洪與軍民共守西城

十一日丙申金人銀术陷均州知州楊彥明棄城走

先是靖康初金人方犯河北而諸路州縣軍民皆殺歸朝燕官唯均州有添差武當縣丞不聾務任雄翔者燕山人三世及第有智筭尚義慷慨聞亂即率歸朝燕人約七十餘人家家所有食刀麵刀以至果刀剃刀應干器械尺鐵盡赴州納之以明不反及應有馬者亦皆納之知州楊彥明信其然常衛護保存故人不敢犯未幾有潰散兵犯均州境彥明令雄翔措置雄翔即授方略分委其衆當之每出必勝均人亦賴之漸付以器甲兵馬使防境內雄翔常語彥明曰國家忘戰久士卒懈惰不

可用若金人至必不可當前者邊事衸動時若國
家能盡取歸朝燕人使之防邊馭之有道猶可支
梧今國家兵馬更十年後恐或可用彥明以其言
爲是及金人犯境境内百姓流徙而去彥明計窮
未知所措雄翔乃以其衆送彥明全家上武當山
與彥明叙别復聚其衆還邊城中金人到雄翔迎入
城於是歸朝燕人盡隨金人北去

三朝北盟會編卷第一百十四

三朝北盟會編卷第一百十五

炎興下帙十五

起建炎二年正月十二日丁酉盡二月十

九日甲戌

十二日丁酉金人𨱥木陷房州

十三日戊戌金人婁宿陷長安安撫使唐重戰卒總管楊宗閔運使桒景詢曾謂提刑郭忠孝皆被害

修撰劉岑誌重墓曰靖康元年冬〻金人破京師明年二聖北狩　今上即位於南京年號建炎是時朝廷已失河東金人重兵屯於河上陜西大震

驚告急之使日至行在所而永興一道已並邊矣岑適使虜自汾晉渡合河津田關中以歸方入朝宰相傳上旨於政事堂訪可以爲永興帥者於岑岑曰陝西事宜素重況多事之初永興之師其材尤難有天章閣待制唐重今守同州逾年與賊對河守備百出民不加歛而食自足兵不加募而士自至虜陷蒲絳將及同同人度不能守重開門縱之使出自與殘兵數百人守城示以必死虜知有備乃引去邦人德之且立祠焉重平生之志在許國每一及時事輒噓唏慷慨泣下霑襟見者皆感

動蓋其忠義足以服人才智足以應敵欲守雍都莫如重可即日除天章閣直學士永興軍路經略安撫使兼知永興軍前帥范致虛先提六路兵東向勤王留連陝州不進公自同州移書責之曰金人犯京師半年王室存亡未可知臣子憂國宜如何哉且京師以秦兵爲爪牙四方以京師爲根本今擁秦兵坐視不前是爪牙不足恃而根本揺矣其言累十百皆切至讀者感涕而致虛不能用也逮聞京師失守公慟哭瀝血檄諸道使勤王且勉其効死盡臣節會永興令下慨然就國以勤王自

任日條關中利病且率長安父老子弟表言關陝山河形勢迎請　主上入都關中論急務有四大患有五大率以都關中爲先其次則建藩鎮封宗子使守我土地緩急無爲賊有又欲通夏國之好繼青唐之後使掎角以緩虜勢至於用忠直正刑賞皆中興急務所當先者　上嘉其忠進龍圖閣直學士時虜在河中窺關内甚急而所部統兵朝廷盡以付制置使錢蓋公上書言狀且乞五路兵自節制半年之間所談不知幾千百言皆不報十二月虜引兵渡河抜同州明年正月三日及永興

城中兵不滿千人嬰城固守凡十日援兵竟不至
而大將傅亮以部兵降賊城遂破公尚餘百兵與
接戰城中衆潰中流矢以死年四十六部曲中有
感德者求舊棺於僧舍掘地歛藏之後長安平成
都漕趙開與公素交善令人取其喪以歸旣至子
弟欲易棺櫬見刻其姓名月日於側具在初賊將
至公自度孤城決不能支梧語轉運使李唐儒曰
重平生忠義不敢辭難始意迎車駕入關居建瓴
之勢庶可以臨東方今車駕南幸矣關陜又無重
兵雖竭盡智力何所施其智巧一死報上不足惜

唐儒以其書聞俄而死節報上聞而哀之贈資政
殿學士官其家五人方朝廷之訪雍帥也岑既以
公薦而又薦提常舉平鄭驤守同州永興通判曾
謂爲陝西轉運判官朝廷皆用之後虜渡河鄭驤
死于同公與曾謂死于雍嗚呼三人者可謂不負
朝廷矣公字元任眉山人爲兒時已不凡祖母宋
氏嘗令讀裴度武侯廟碑一覽不再讀十二賦陳
平詩已有大志用薦者改奉議郎知懷安軍金堂
縣許光疑入朝薦於宰相得辟雍録是時邊臣多
希功幸賞以欺朝廷至於誘羈縻蠻使貢不毛之

地建立州縣張官置吏以困中國其害甚大公遽言之朝遂召對除禮部員外郎丁毋憂服除吏部遷右司員外郎起居舍人時宣和七年也十二月金人寇邊燕山安撫使蔡靖方告急而郭藥師叛寇以陷燕自河朔以南皆恐公建言今日之禍起於開邊之謀始於童貫金人兵鋒甚銳不當可宜誅貫以謝邊人庶可以緩師宰相不能決謀遣給事中李鄴出使未及而賊已壓境都城已戒嚴矣太上皇內禪　淵聖即位明年正月改靖康方圍城中公日有所敷陳皆切中時病除諫議大夫時

議講和親征二策皆未定公上疏欲宰執廷辯之
姚平仲既敗賊愈熾索金帛甚急中書侍郎王孝
迪大書揭牓下令民有藏金帛者人得告之公曰
審如令則子得以告父弟得以告兄奴婢得以告
主初政如此将何以化天下哉與同列御史迭疏
論不可遽罷此令金人退師遷中書舍人凡賞罰
黜陟之不當者執不下賞路大不樂之與孫覿李
擢李會師驥以論事不合皆被黜公得秘閣修撰
知同州幾年除天章閣待制頃之遂守永興公生
巴蜀起布衣才官中都聲望已籍守邊又能死事

其名固足以傳不朽然公之死實自岑發之况其
大節昭昭如此刻之豐碑置之墓道使行者見之
曰此吾宋忠臣唐公之墓其誰曰不可
遺史曰唐重儒生不知兵帥關中一蹈范致虛覆
轍諱言兵機唯喜人言虜兵遠去關中必無虞京
兆府路兵馬副總管楊宗閔與重謀曰今河東諸
州皆非我有距此纔一水而本路兵弱宜急繕城
壍爲守禦計以待外援捨此無策重以秦民驕不
欲擾之而止及金人犯境略無措置城陷重自縊
死宗閔先令妻劉氏携家入蜀遂免於難唯宗閔

死於其職轉運使副桑景詢曾謂提刑郭忠孝皆
死景詢介直有守尚氣節之人也初童貫用事時
州縣官皆迎肩輿望塵而拜唯景詢不拜議者多
之以其發擿姦吏不受干請時人號爲喪門神喪
字借姓桑字言之也忠孝事伊川程頤傳其易與
中庸學金人犯長安或勸云監司出巡可以免禍
忠孝不答遂被害
内侍邵成章上書言黄潛善汪伯彦必誤國送成章
吉州編管
車駕在揚州金人攻河北陝西京西群盜起京東

宰執黄潛善汪伯彦皆蔽匿不奏及張遇攻真州
去行在六十里上亦不聞内侍邵成章上疏條
具潛善伯彦之罪且曰必誤國及申潛善伯彦使
聞之上怒送成章吉州編管
御營使司左軍統制韓世忠領兵屯于河南府
韓世忠初爲王淵軍統制屯于應天府上即位
爲御營使司左軍統制從車駕至楊州至是命世
忠領張遇陳思恭等兵一萬軍于河陽府又命知
滄州劉錫密結河朔之人自清州絶河進兵命東
京留守宗澤總大衆自滑州而北期集於中山府

俄爲黄潛善汪伯彦建議從中止之
翟興翟進及金人戰于伊川皂礬嶺敗之又戰于驢道堰又敗之
翟興與弟進遇金人于伊川之皂礬嶺興披甲先登將士齊進接戰終日擒其酋夏太尉者後旬日又遇金人于伊川之驢道堰力戰擒其酋首傳太尉者自是金人聞大翟小翟之名矣
二十二日丁未詔招降盜賊
詔曰朕惟　祖宗仁覆天下生育休息垂二百年家有積聚人知禮教尊君親上安業樂生車書

所通煙火萬里頃自姦臣誤國邊隙既開戎禍及
於黎元胡塵暗於京闕兵以傷殘而潰散民因侵
軼而流亡遂假勤王之名公爲聚寇之患肆 朕
嗣位震惕于兹遭時艱難涉道寡昧寅畏恭儉不
敢追遑寬大公平庶宏共濟閱日尚淺群聽未孚
攻剽刼掠寇亂滋起重矜州縣之民莫保田廬之
安生靈何辜 天意未悔令 朕駐蹕淮甸寅奉
廟社以來遣使金人屢致父兄之請念欲復泝清
汴却還故都而虐盜猥多師虞弗靖膏畛截於大
河之外形勢削於累年之間興言及兹痛憤良切

咨爾有衆共圖興邦咸有鄉黨鄰里之情豈無父
母妻子之念凡今日奪攘縱暴之衆皆異時回心
忠義之人白日照臨明爾遷善之意皇天覆燾監
予止殺之誠應盜賊回心易慮散歸田里或失業
不能自還者令所在官司條具以聞　朕當區處
其日前罪犯一切不問
丁進以其衆詣京城留守司請降
丁進自退壽春府擾于京東京西至是請降于留
守司丁進壽春府軍兵也逃走遇亂復歸鄉里就
蘇村鬬團聚人作過初自十百至千萬至有數萬

皆面刺六點或刺入火進自號丁一箭圍壽春府
安撫使康允禦退之至是請降
二十七日壬子金人銀朮焚鄧州
銀朮陷鄧州根括百色技藝人及金銀物帛既盡
是日也金人諭與寄居上戶獻金銀以謝不死於
是寄居上戶皆齎金銀犀象出城銀朮大王使諭
之曰欲留兵十萬屯于鄧州何以應副糧草衆對
以鄧州多水非屯兵之地又問曰既已投拜皆大
金之民矣大金若回軍却有紅巾之類犯城使誰
爲主衆不敢對銀朮大王傳令竭城北遷盡過北

官員依舊注授差遣僧道依舊歸寺觀百姓任便
居住農家給田種作寄居上户歸城中傳此語滿
城中皆哭俄見四邊已縱火民不可歸乃出城數
里間入一木寨門極低小有板屋亦低僅容坐望
城中火已亘天矣自是不得食者兩日有散失骨
肉者許於諸寨尋認有失一二十口者一兩日間
尋覓皆足雖竭城人盡狼狽出城然少有死者
二十八日癸丑太學生魏祐上書論列黄潜善汪伯
彦誤君十罪
金人婁宿孛堇陷鳳翔府

二月二日丁巳金人銀朮還鄧州士民北去

節要曰銀朮之衆寇漢上虜鄧汝均房等州民以

歸　銀朮已焚鄧州乃給寄居官上户車及牛各

有差遷之北去寄居官上户每過州縣人給米三

升貧民下户途中死者不可計到西京已無幾矣

三日戊午金人銀朮陷唐州

銀朮以丁巳寇唐州戊午登城己未縱焚掠城市

一空

十八日癸酉金人銀朮陷蔡州知汝陽縣丞郭贇死之

銀朮犯蔡州知軍州事閻孝忠先遣家屬在西平

縣西陵土豪翟冲家孝忠聚軍民守城金人攻擊
數日城陷於東南隅居人自東奔者皆達餘三面
奔者皆死知汝陽縣丞郭贊朝服而罵金人被執
猶罵不絶口不脫朝服而死金人大肆剽掠焚廬
舍孝忠被執金人見其貌陋而侏儒不以爲知州
遂令荷擔孝忠奔走得脫乃往西陵孝忠字資欽
開封人聰慧俊爽精通醫方嘗著信効方議論甚
精致行於世祊爲知州揭榜詞狀不限字數每狀
不限幾事孝忠一覽盡得其理而能暗記其人姓
名鄉里以至訴錢物者亦能記其數目金人既退

留守司差張武經權知州州雖殘破而十縣循盛
民户詞訟頻繁張武經不能辨時孝忠已有朝廷
指揮放罷民户思孝忠治民有法經監司陳狀乞
孝忠依舊權知州監司從之孝忠遂權州事
十九日甲戌金人銀朮冦陳州軍亂殺知軍州事向
子褒金人陷陳州
初報金人犯陳州知州向子褒欲固守時有出戍
東軍四千人又有本州軍兵子褒倚之第三将岳
景綬者欲棄城率軍兵出奔往楊州子褒不從金
人既到景綬以将兵迎戰不勝軍亂殺子褒其家

屬或散或亡俄而城陷金人燒爇劫掠而去留守
司差尉氏縣馮長寧權州事
東京留守宗澤奏論正月丁未詔書乞車駕回京師
正月丁未詔書二月壬申到京師留守宗澤拜詔
畢讀之有曰遂假勤王之名公爲聚寇之患澤曰
使忠義之人聞之解體矣乃具奏曰臣聞人主中
天下而立定四海之民恭惟我宋太宗皇帝肇
造區夏以今京師爲天下中故創業垂統欲傳之
億萬世 太宗 眞宗 仁宗 英宗 神宗
哲廟奕世聖人傳以相受皆以京師爲本根之地

所以高拱穆清坐視天民之阜必於天下之中也
惟奠枕于京則自西自東自南自北莫敢不來享
莫敢不來王矣偶緣玩習太平之久文武恬嬉狃
於驕淫矜誇忘戰守備遂致賊虜横肆殘破州縣
圍閉京城劫迎　二聖后妃親王與諸皇族蒙塵
北去僑寓沙漠此忠臣義士所以夙夜涕泣繼之
以血自　陛下即位應天四海萬方懽忻鼓舞垂
髫鮐背山農野叟咸以手加額仰面謝天曰天下
有真主矣萬世永賴實天祚明德爲無疆之休四
方帖然若遠若近並無盜賊暨　陛下偏聽姦邪

與賊虜爲地者之語移蹕淮甸則諸處兇惡強盜如蝟毛剌起如蜂鬨聚縱火殺掠所在狂盜罔有悛懼以謂天下遠無所依歸遽至是爾臣於二月十八日祗受朝廷降道黄榜詔勅云遂假勤王之名公爲聚寇之患如是勤王之人皆解體矣臣竊謂自賊虜圍閉京城天下忠義之士憤懣痛切感厲爭奮故自廣之東西湖之南北福建江淮梯山航海越數千里爭先勤王但當時大臣無遠識見無大謀略低回曲折憑信誕妄不能撫而用之遂致 二聖北狩諸親骨肉皆爲劫持牽聯道路當

時大臣不出一語使勤王大兵前往救援凡勤王
人例遭斥逐未嘗有所犒設未嘗有所封帮勘飢餒
流離困厄道路弱者填滿溝壑強者変爲盗賊非
勤王之罪皆耿南仲輩皷唱抑塞爲之爾此來姦
邪之人方爾横肆賊虜自然得勢強梁惡少無縁
殘滅竊念國家 聖祖神孫繼繼相授湛恩盛德
滲漉之心淪浹骨髓今河東河西不隨順番賊雖
強爲剃頭辮髪而自保山寨者不知其幾千萬人
諸處節義丈夫不敢顧愛身而自黥面爭先救駕
者又不知幾萬數今 陛下以勤王者爲盗賊

則保山寨與自黥面者豈能自顧邪此詔一出則
自今後誰爲勤王者噫得天下有道得其民也得
其民有道得其心也得其心有道所欲與之聚所
惡勿施爾也果陛下回鑾九重瞻拜宗廟俾四
方萬里知有朝廷不失祖宗舊物此人心之所
欲也願陛下與之聚之以慰安人心陛下若
駐蹕淮甸俾人顒顒望之皇皇之情未有所慰安
此人之心也願陛下勿阻遏之以失人心臣仰
詳詔中語豈陛下意皆詞臣失職不能敷繹之
過臣願陛下黜代言之臣别降罪已之詔許還

闕之期太尉元激切之意 陛下還京登樓肆赦則天下之人盡皆遷善遠惡不犯于有司矣豈復更有爲盜者王室再造大宋中興在此一舉 陛下眷斷而力行之臣犬馬之齒七十狂妄言此願 陛下察之若以臣言上拂 陛下之意誅之赦之惟在 陛下臣無任

冀德韓清寇西京翟興敗之擒冀德韓清遁走

冀德韓清乘金人入寇嘯聚不逞出沒于汝洛之間有衆萬人屯聚于留山寺及艾蒿平翟興間探得實以輕兵趍間道直抵留山寺一擊而潰生擒

冀德殺戮殆盡後數日破艾蒿平韓清脫身逃走得賊財物山積盡給麾下獲婦女數百人悉縱還其家

馬（御名）得信王推奉以爲首唱義舉兵初斡离不給田與馬令耕種贍養也久之馬白耕田不即得食願爲酒肆以自活斡离不從之馬欲因此雜結往來之人復與山寨通耗間因寒食日僞隨大姓送喪携親的十三人復奔詣五馬三寨諸寨聞之喜躍復推馬爲首是時傳聞信王在金人寨中隱於民間自稱姓梁爲人點茶馬一夕率

兵刼金人寨奪迎以歸遂推奉信王爲首時兩河
忠義聞風響應受旗榜者約數十萬人
譚兗據鄧州
金人寇鄧州時有陸巡檢者在羽山又有隆德府
攢子譚兗在灰堆山兗者隆德府縣吏隆德府陷
兗脫身奔竄而鄉人之奔竄者推兗爲首間關至
京西遂據灰堆山金人焚鄧州遷民人而去也陸
巡檢先入鄧州兗聞之率衆殺陸巡檢而自據鄧
州以收復報朝廷朝廷授兗以官俾知鄧州
李彦仙克陜州

金人既已渡河，陷同州，繫橋為歸路，西陷華陜岐雍隴秦陜右大擾。鄜延路經略司出兵攻同州，收復諸縣，焚大慶關，檄召河南河北豪傑共起義兵併力擊賊，遠近響應。旬日間以公狀自達姓名者孟迪、种潜、張勉、張漸、白保、李進、李彥仙等兵各以萬數，又勝捷軍卒張宗自稱觀察使，亦起兵於南山下。彥仙者，華州人，世閑綠鋪。彥仙有大志而不拘檢，文面為曹司，從軍勤王，至陜華間兵潰散，彥仙聚衆僅萬人，屢為金人戰。彥仙雖無勇猛之才，然有智信而能謀事。閒陜州空虛，率衆襲取而據

之彦仙皆以信義治陝不營毫髮之私與其下同甘苦故得軍民之心皆盡其死力於是諸州人多往依之

邵興歸于李彦仙

邵興初據稷神山聞彦仙已得陝州乃以其衆付之願聽節制彦仙辟興爲統領河北忠義軍馬李兵渡河收平陸縣界三門集津徊山張店四鎮又辟興加統制

三朝北盟會編卷第一百十五

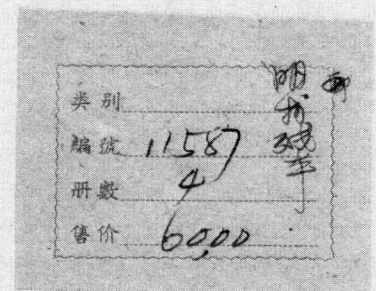

三朝北盟會編一百十六之一百二十

炎興下帙

起建炎二年十一月盡十二月二十一日辛
未日

第一百二十卷
起建炎三年正月盡二月三日壬子

三朝北盟會編卷第一百十六

朝散大夫充荊湖北路安撫司參議官賜緋魚袋臣徐夢莘編集

炎興下帙十六

起建炎二年三月七日辛卯盡五月二日乙酉

三月七日辛卯金人陷中山府

金人圍中山府城中絶糧人皆羸困不能執兵城陷金人見人皆瘦瘠歎而憐之取使臣効用軍兵千餘人令出城外聽指揮皆無力行步扶杖而往至則有金人傳令曰汝皆合死大金念汝等忠特貸命不殺將汝等選擇千人置立千人一軍皆

無力拜謝

十九日癸卯河東置制使趙宗印屯于鄧州

趙宗印在襄陽時中書舍人席益知鄧州乃遣人致書招宗印宗印遂以兵屯于鄧州益亦具舉留宗印狀申朝廷

翟興翟進敗金人戰于福昌三鄉又敗之于龍門收復西京

翟興翟進與權京西北路置制使苗梗遇金人于福昌及三鄉閒苦戰終日金人敗北獲金人司天梁寺丞者興進弟兄取龍門路收復洛城金人擁

鐵騎數千相拒于龍門石道中興進兄弟麾將士力戰破之金人退保洛城官軍乘勝轉戰奪長夏門以入與金人巷戰遂克復洛城時金人益出精兵自河陽南城至白司馬坡營壘相望距洛不遠十數里復欲窺伺興遣麾下斷河橋自是金人稍稍去遠

二十六日庚戌金人陷洛州

初金人圍洛州以知州王麟是童貫舊属官遂於城下呼爲王姑丈間其民心軍民信之殺麟全家有韓一者爲統制名一字定志主城中軍事金人

自京師回經由洺州境内洺州軍民劫之得南班宗室士遂留爲知州金人築外城圍洺州栽鹿角掘壕塹甚固密内外不相通欲持久困之洺州終不投拜西山有李宗作山寨自守有百姓晁進者懷蠟書凡三次出皆城達李宗寨告急宗亦嘗以兵至城中人亦嘗乘夜劫金人侵京西陜右也河朔兵虛守者稍怠洺州以糧食盡不可守於是强壯軍民議棄城不投拜乃擁士遂出城皆走自白家灘渡大河往大名府金人遂入城

婁宿至秦州熈河偏將劉惟輔殺其帥黑峯大王婁

宿遁走
婁宿殘長安鼓行而西跨鳳翔府汧隴不浹旬降
秦州垂頭㷤河隴右大震㷤帥張深遣偏將軍劉
惟輔揔銳兵三千禦賊金人前軍逾華州惟輔留
軍熟羊城以精騎千八百人夜逾新居賊恃勝不
虞黎明軍墮伏中惟輔舞稍刺其帥黑峯大王洞
胷墜馬足下婁宿失勢遁走

劉光烈擊金人于同州戰敗

金人畧秦雍所過城邑輒下未嘗有迎戰者金人
至華以深入有後憂又㷤河將劉惟遇輔虜於熟

羊城天未曉短兵接殺傷相當而虜失大酋黑峯
大王遂復東還惟輔亦走虜去而惟輔覺鄜延帥
王庶令統制劉光烈邀擊金人遂遇于同州光烈
戰敗自此官軍見金人則退怯矣
張嚴及妻宿戰于五里坡兵敗被殺
金人自華東還也熈河已遣劉惟輔追逐又遣大
將張嚴踵至嚴銳意追賊惟輔不欲聽嚴節制乃
出別道由吳山出寶鷄獵賊遊騎而嚴擁大兵及
虜於五里坡嚴初發也約涇原兵會合擊虜嚴既
下隴閑涇原統制官曲端應報相會於岐隴間嚴

信之既直前而涇原兵不出據青谿山以自保金
人反兵擊嚴嚴兵敗死之
節要曰婁室陷長安繼寇鳳翔秦鳳等路後爲張
嚴所敗婁室自秦鳳回張嚴襲之婁室伏兵於五
里坡嚴至伏發嚴戰不利死之
吳玠敗金人于青谿嶺
張嚴兵敗金人勢愈張謀趍涇州涇原將曲端拒
守麻務鎮命第十二副將吳玠爲先鋒玠進據青
谿嶺逆擊破之
粘罕焚西京陝右以援婁室

粘罕知婁室爲張嚴所襲西來又聞韓世忠大軍東至盡燬西京廬舍虜西京漢上之民北留兀室余覩屯河陽以待世忠親之陜右以援婁室

信王遣馬御名赴行在乞兵

續自叙曰初信王與馬御名倡義起兵也欲遣使詣行在請禀朝廷之命時兵戈方熾道路梗澁雖已兩發使人慮其不達乃遣馬赴行在臨行信王以兩詩送馬曰金趙收燕致太平朔方寸土比千金羶胡一掃鑾輿返若箇將軍肯用心又曰遣公直往面天顏一奏臨朝莫避難多少焦苗待霖雨望

公只在月旬間因親送馬至山下握手仰天啼嘘流涕曰惟天至公忠義無以家屬爲念勉力此行馬率麾下五百人沿路轉河朔皆大盜據要險馬每至輒單騎詣其寨諭以信王請兵之意且與結約同効忠義盜賊皆踴躍欣從時兵間無紙筆馬所至裂衣襟記其姓名次第云俟到朝廷郎先請命爾輩以官渡黃河時皆盜魁自操舟相送以濟既至東京見留守宗澤出信王劄子託澤津送早赴行在并以信王二詩示之澤曰兒子方欲赴行在不若先以詩進呈如何馬從之馬遂行至維揚

所從之士不滿百人矣既見　上因奏言臣陷虜日適遇　太上皇帝車駕北狩時因聞内侍張恭有何臣寮在此恭對以臣在遂令恭密傳　聖旨令歸到南地見官家時可令用兵虜人無信兵勝則我可歸奏至此　上揮淚曰　朕稔聞卿忠義即加褒諭而毅下拜謝欲出間見宰執環而前不聞奏論何事但遥聆玉音甚厲曰信王是　太上皇帝子　朕之親弟豈不認得書蹟何疑之有連曰何疑之有即降制除信王河外兵馬都元帥制曰頃戎虜之内侵屬都城之失守偕宮闈而遠適

歷險阻以備嘗肆眇己之纘承濟多難而恢復還
襲之兵繼遣勤請之使屢馳撫時序以旣周悵初
心之未遂忽覽封章之近奏始聞行役之獨留盡
即言歸竚寬遐念乃陳手足之助願効忠孝之誠
慨然壯圖副 朕本旨宜就顓於臨制庶盡總於
營屯以迎 二聖六宮之還以慰兩河諸鎮之望
特授馬拱衛大夫利州觀察使樞密副都承旨爲
河外兵馬都元帥府馬步軍都總管節制應援軍
馬使裨將兵應援信王馬具四事奏呈其一曰臣
聞奉武王遣甘茂攻宜陽樗里子公孫衍疾其行

茂患之引曾子母投機之事以諷武王武王曰寡
人不聽也請與子盟於是盟于息壤以遣茂行攻
宜陽三月不拔樗里公孫果爭於前武王不聽益
發兵以佐茂遂拔宜陽今臣踈遠小人捧皇弟信
王之奏伏孤忠冐艱棘請兵於朝陛下斷以不
疑付臣閫外之任臣當拊循戰士播宣皇威以圖
報稱願陛下存武王之心念甘茂之事鑒前代
之成敗明當世之嫌疑俾臣得効愚衷畢意攻取
惟陛下矜念其二曰王師大舉機會神速軍期
文字不可少緩若依常制下都堂等處然後以達

天聽則事涉疑似或欲規避者定逡巡藏匿不以
進呈伏望　眷旨令皇弟信王都元帥府專置一
司凡軍期急速文字不限寅夜晝時通奏庶免誤
事其三曰大將軍受命以討夷狄自唐以來用中
貴人監軍奪權制肘每至敗事今　二聖遠狩中
原未靖皇弟信王慨然有請于朝　陛下嘉其意
大發王師以付之旦夕舉興必期迎鑾輿靜河朔
然後已伏望聖斷罷差中貴監軍不惟今日易以
成功庶幾後世取以為法其四曰王師大舉金鼓
器仗全不任用竊觀馬隆募勇士三千武庫給以

朽杖隆以非爲任白滅賊意遂給其三千軍資聽
自入武庫選利器隆於是通涼州鮮天子西顧之
憂今興師北道迎 二聖定西河責望成功伏望
特降睿旨所給器仗盡選犀利者以給大軍之用
又爲文以誓衆曰金賊渝盟連年犯順劫遷
二聖邀致皇族殺我人民掠我子女奪我財寶焚
我廬舍罪惡貫盈天人共怒 皇帝孝悌之至通
於神明追念父兄痛入骨髓茲者錫信王元帥之
命舉六軍問罪之師委某出征渡河取勝爾等將
士素懷當報國恩協力同心掃蕩金賊迎還

二聖平定兩河畲主辱臣死之忠副簞食壺漿之
望爾有功必加厚賞爾有罪必示顯誅賞信罰明
皎如白日今大軍一舉不得秋毫輒有所犯迨其
度越燕山深入賊境金帛財寶各有所得盡以付
爾安危苦樂與爾同之此言不易各務遵承時汪
伯彥黄潛善爲相既疑且忌遂選數項烏合之兵
付馬以行又有洺州棄城軍兵民兵到泗州者有
旨撥五百人隨馬往河北應援信王密授朝廷反
相防閑十羊九牧左忌右碍未至太河詔音絡繹
令一人一騎不得渡河聽諸路帥臣節制馬知其

掣肘謂不可以成事矣遂屯于大名以俟之

金人遷天眷于通塞州

金人遷天眷于通塞州去燕山府一千五百里給地十五頃令種蒔以自養 淵聖自離都城北狩至沙漠未嘗有舊臣候問起居唯至代州遇滕茂實効臣節迎謁茂實以工部侍郎副路允迪奉使粘罕拘于雲中後取允迪還京師而留茂實居代州茂實聞 淵聖將至代州乃作哀詞又篆宋工部侍郎滕茂實墓九字取奉使旗褁之以付友人董詵翌日 淵聖及郊茂實具冠幘迎謁拜伏

號泣見者墮淚金人使譯諭之曰國破主遷所以
留公盖將大用茂實抗辭不屈且請侍舊主俱行
金人重之
四月韓世忠還行在
韓世忠軍于京師與丁進不和軍士相擊無虛日
世忠慮有變遂還行在
史斌據長安吴玠擒斌克長安又克華州
金人既退兵涇原將曲端遂下兵秦州而鳳翔長
安各爲義兵收復端大怒鳳翔劉彦希殺之會叛
賊史斌侵興元不克引兵還中義兵首領張宗誘

斌知長安而散其衆欲徐圖之端遣吳玠襲擊斌斌走鳴犢鎮爲玠所擒端自襲張宗殺之收復長安玠以斌夌遲處斬

戊辰王彦敗金人于太行山

王彦與金人戰既勝因夜破金人趙固寨金人退兵

五月甲申朔尚書右丞許景衡罷爲資政殿學士提舉杭州洞霄宮

金人陷河北諸州而攻京東京西許景衡以駐蹕揚州恐有不測侵犯請幸江寧府識者雖不以爲是然亦不敢以爲不是黃潛善汪伯彦力沮之遂

以宫祠罷執政景衡憂之抑欝而死

林泉野記曰許景衡字少卿温州人元祐九年登第建炎初除尚書右丞二年金人陷河北駸駸犯京東西景衡請　上幸江寧府黄潛善汪伯彦皆沮其議未幾以資政殿學士提舉洞霄宫卒及虜入維揚　上方思其言

八日乙酉宗澤奏劄乞駕還京師

先是東京留守宗澤自建炎元年七月到京師即奏乞回鑾凡奏十餘劄言詞激切至是又奏劄其畧曰今之士大夫志氣每下議論畢陬上者不過

特禄保寵下者不過便文自營曾不能畱心惻怛爲
陛下思承
祖宗二百年大一統基業爲可惜又不曾爲
陛下思父母兄弟與至親骨肉蒙塵沙漠翹徯望
天兵救援之意又不曾爲
陛下思
祖宗西京園陵寢廟爲賊虜所占今年寒食節有被開堀之憂又不曾爲
陛下思京師是天下本根宗廟朝廷百司倉庫儼然如舊又不曾爲
陛下思河北河東京之東西陝右淮甸百億萬生靈之衆罹塗炭劫掠残破之苦但朝進一言莫入一説計較泛舟冒大風險南幸湖外此姦

邪之謀耳臣思之是一欲爲賊虜爲方便之計二
爲姦邪親屬皆先已津置在南嗟呼爲臣不忠不
義乃至於此孔子所謂苟患失之無所不至正在
是也夙夜痛心泣血瀝誠竭忠盡爲　陛下保護
京城自去年秋冬今春又已三月矣農務是時
陛下不早回九重則天下靡有定止又遣少尹范
世筵等詣行在奏劄子臣聞孟子言術不可不謹
也矢人惟恐不傷人函人惟恐傷人巫匠亦然臣
因其語始知人心所存之邪正與所作之是非若
以道槩之了然區分如辨白黑何則夫忠義之人

動容周旋無非周忠義而不忠義之人自無入焉故其於上下愛戴保護不啻如函人之惟恐其傷之也彼不忠義之人動用周旋亦無非不忠不義而忠義之道無自入焉故其於上下毀裂損棄不啻如矢人之惟恐不傷之也恭惟國家曩緣賊虜橫肆殘破州縣圍閉京城劫掠邀求靡有紀極以至強迎 二聖后妃親王與諸眷屬蒙塵北去凡忠義之士莫不痛心疾首泣血奮佐佑 陛下張王六師震耀神武總領貔貅之士掃蕩沙漠迎奉二聖來歸京師俾中原生靈還定安集罔或流散

愛戴其上保護其下夙夜念念想如函人焉惟恐其或傷之也其不忠不義者但知持禄保寵動爲身謀謂我　祖宗二百年大一統基業不足惜謂我京城宗廟朝廷府藏不足戀謂　二聖后妃親王大小之屬不足救謂諸帝諸后山陵園寢不足護謂周室中興不足紹謂晉惠覆轍不足羞謂巡狩之名爲可効謂偏地之伯爲可述儲金幣以爲賊資椿器械以爲賊用禁守禦之招募慮勇敢之敵敗也棓保甲以助軍慮流移之安業也欺罔天聽芟蔑下民凡誤國之事無不爲之猶矢人焉惟

恐其或不傷之也臣願　陛下驗已試之迹以道
槩之則人心所存之邪正與所作之是非自然區分
無足疑矣臣衰老孱懦誤蒙　陛下察臣斷斷
孤忠憐臣悄悄見温體天地之大德覆護用日月
之大明照臨臣此身與臣血屬當膏砧斧虀粉萬
狀矣尚安能為　陛下保鑾尹正使京城市井里
巷安居樂業熈熈皥皥如我　祖宗太平之時乎
臣之至此豈止謗書之盈篋而已即臣伏望
陛下六龍萬乘早賜歸大内下慰四海生靈瀝血
懇切之望臣之言此實出悃誠痛切憤悶所以不

避姦邪詆誣不避犯冒誅戮臣願　陛下陛下臣此
言榜之朝堂俾應在朝臣寮封章疏指摘臣言
如臣之言涉狂妄乞正典刑明臣罪惡如臣言符忠
義乞降詔勑明告回鑾之期庶安天下之聽此事
甚大恭俟眷慈洞察勿貳勿疑至是降詔旨言發
輜重之入京師朕將還闕恭謁宗廟百姓大喜澤
在京師日俟六龍之至而日復一日不聞鑾輅進
發又進劄其略曰延者親降詔書即將還闕恭詣
宗廟延見父老中外聞之莫不鼓舞相慶以謂
陛下英斷如此何事不立何功不就何浮言之可

慼何戎狄之足憂太平基業正在茲舉下詔之後
日復一日尚未聞千乘萬騎蠲日啓行民心不能
無疑焉臣愚竊意　陛下乾剛不撓离明並照洞
見安危之幾必不肯失信於天下是必有姦臣誤
陛下負失信之謗也臣伏見迹者河陽水漲斷絶
河梁有娃馬人妻王氏者率衆討賊賊勢窮窘不
知所為此天亡虜寇之時也夫天與不取反受其
咎臣欲因此時間劾王彥各統大兵乘其孤危大
振軍聲盡平賊壘伏願　陛下亟還宮闕以繫天
下之心則孰不用命且投機之會間不容䙟願

陛下毋惑於姦臣之言斷自淵衷臣自謂茲舉可
保萬全無可疑者也或姦謀蔽欺天聽未即還闕
伏願　陛下從臣措畫勿使謀臣沮抑以誤社稷
大計陳師鞠旅與之決戰掃盡胡塵御清海寓然
後奉迎鑾輿京師以快天下人心以塞姦臣之口
臣蒙　陛下眷之誓效死節區區愚忠不能自已
伏望　聖慈特賜　眷斷天幸甚

三朝北盟會編卷第一百十六

三朝北盟會編卷第一百十七

炎興下帙十七

起建炎二年五月八日辛卯盡八月

八日辛卯韓世忠閤劾進討京西

三省樞密院進呈陝西諸路帥臣東京留守司京東等處奏報金人渡河分投出没攻圍虜掠奉聖旨差韓世忠閤勅各領所部人馬前去京西攻討劄下東京留守宗澤差楊進等諸頭項相為應翟進攻兀室余覩於西京失利

節要曰自建炎元年冬粘罕再寇西京官吏南走

統兵官翟進率軍民上山保險至是歲春三月二十六日粘罕盡焚廬舍虜其居民北去故進始得其城然余觀兀室之衆尚屯河南白馬寺白馬坡河清長源等處雖去西京不遠而賊視之以為已棄之物不復顧之無何進於四月十二日出兵夜攻其營賊以間探預知反為所襲進敗出城賊復據之後進值韓世忠軍至與世忠同欲破賊進為世忠導至文家寺又爲賊敗乘勢進擊世忠又敗世忠於永安後澗時當盛夏胡騎非利之時又以連敗我師步得休息且知粘罕由平陸渡河北歸

故復棄西京相率而回雲中因留女眞萬户荼曷
馬以戍河陽
十五日戊戌王彦駐軍河南
王彦在河北其衆大集謂之八字軍為金人所畏
方繕甲治兵約日大舉直趍太原断石嶺關路以
臨代北告期於東京留守宗澤澤擬彦武功大夫
忠州防禦使制置两河軍事會澤以彦兵勢雖盛
然孤軍無援不可獨進乃遣書延彦議事彦得書
悉召諸寨統兵官措授方略以俟會合乃以萬餘
先發既行金人以重兵尾襲而不敢擊是日濟大

河駐軍于河之南

二十日癸卯王彥至京師以兵馬歸于留守司

王彥入京師見留守宗澤澤大喜握彥手曰公力

戰河朔以沮金人之氣忠勇無前海内所聞然京

師者國家之根本澤已累上章邀車駕還闕願公

宿兵近甸以衛根本彥即以所部兵馬付留守司

因差統制官張僞統轄於滑州界沿河沙店以來

上下掃把截

王庶會渭慶路兵欲逐金人過河王似瘠貢不從

先是陜西路制置使錢盖移文鄜延帥王庶兼制

環慶涇原兵討賊既而義兵大起金人東還遂庶以
金人重載可尾襲取勝移文還遂慶涇原各大舉協
力更戰而庶慶州人也慶帥王似為桑梓又謂帥
庶貢乃庶之舉官皆以庶後進不欲聽其節制遂
文具應報而兵皆不出金人游騎上青谿山為涇
原将吴玠所扼至咸陽望渭河南義兵布蒲平野
不得渡遂循渭而東其支軍入鄜延攻康定圍龍
坊庶禦退之於是金人盤礴於馮翊河中據浮橋
以通往來渭河以南人情大恐曲端又知孟迪等
聽鄜延節制尤不喜遂揭榜稱虜已過河歸國農

務不可失時乃盡散渭河以南義兵庶亦歛兵保
險猶以書尺約慶渭帥王似席貢欲大舉除馮翊
餘虜逼逐過河復限大河自守至于再三似不應
貢許出兵四萬竟以應報不齊又端素不欲聽庶
節制遂復遷延是時鄜延人以秋深必受兵擾多
有遷徙而去者道出環慶吏民皆恐驚移人所在
以撿察姦細為名奪其財物或毆殺之若不無官
司者
二十一日甲辰金人陷絳州
金人寇陝西回軍時絳州猶為國家守知州乃宗

室小監倉也甲辰金人攻陷之軍民巷戰者六日

七月十一日丁亥詔發歸朝官赴行在

是日進呈楚州來歸朝官事 上曰聞州郡多因禁歸朝官截惟寒暑不與踈貧因小有疑則加残害一郡戮至数百人 朕甚憫之覆燾間皆吾赤子偶生邉地視之遂異然豈可與金人一例待之金人與吾戰打敺無罪之人又率諸國之衆蒋冒鋒刃使肝腦塗地赤子竟亦何辜 朕欲發諸郡拘囚歸朝官赴盡行在拊之庶幾可召和氣

留守司借楊進榮州防禦使知河南府

楊進嘗隸王淵軍于應天府金人已陥京師屢分
兵犯應天府淵命進及韓世忠與戰破之前後多
所殺傷　上即位淵爲御營使司都統制淵妬忌
才能深忌進欲殺之故進復叛有衆數萬自號没
角牛留守司遣人招安進陰許受招安乃借進榮
州防禦使知河南府進不能行
閭勍軍于河南府
閭勍以班直換授靖康中累遷龍神衛四廂都指
揮使武昌軍節度使主管侍衛步軍司公事
上幸楊州留勍京師留守宗澤命勍軍河南欲會

合王彥楊進等以圖河北

郭仲荀為京城副留守

宗澤為京城留守招降諸大寇王善楊進丁進等兵勢甚盛澤有渡河迎請 二帝之意黄潛善汪伯彥疾其成功又疑其謀變遂以郭仲荀為副留守察之

邵興敗婁宿孛堇于解州

婁宿孛堇攻解州之朱家山邵興苦戰三日遂敗之殺千餘級殺其韓留孛堇毛故魯孛堇李彥仙補興從義郎遷陝西州都統軍馬

金人高里嗢撻懶闍目共陷慶源府五馬山義兵朝天鐵壁諸寨

五馬山寨自靖康元年冬武翼大夫趙邦傑率衆起之至眞定之陷得保州路廉訪使者馬御名同主之邦傑等請信王總制諸山寨遣馬詣行在投表乞師請命馬行寨中有亡歸賊者告於眞定同知韓慶和女眞副都統韶合二人共陳於東路元帥府恐馬得兵南來故大會賊衆力破諸寨以絕馬之内應以斷馬之歸心諸寨多無井汲水於澗為賊所斷汲道遂至陷沒信王不知所在

命宇文虛中觀文殿學士祈請使楊可輔祈請副使于
金國
先是有詔求能戰勝攻取及奉使絕域迎還
兩宫者許之自陳虛中方提舉杭州洞霄宫乃上
表自薦遂加觀文殿學士為大金祈請使以楊可
輔副使
赦河北陝西京東路
門下朕紹履尊極寅畏多艱懔乎朽馭之難持
浩若涉州之求濟講典復之策庶以迎 二聖之
還舫巡省之勞庶以副四方之望然而夷狄靡聞

於悔禍干戈未息於内侵荐渡河津分攻城邑突
騎横馳於畿石控弦大入於關中綿朔野以繹騷
亘山東而震擾自聞警奏繼遣援師嗟赤子以何
辜重罹屠掠蓋　朕躬之不德罔克撫存尚賴
祖宗在天之靈弗替忠義徇國之俗蕃漢協心而
禦敵軍民戮力以殄讎有嘉攘勤之功深惻傷殘
之患宜敷恩渥式慰群情於戲民所懷者仁既霈
汪洋之澤天所助者順必臻春佑之符覬國勢之
漸隆復邦圖於永固咨尓有衆咸體至懷
八月東京留守宗澤卒

遺史曰宗澤為東京留守措置營葺稍有條理頗得士民之心初到京師也會金國使八人來使楚國澤謂有窺伺申奏乞送獄庶全國體詔諭止之澤與黃潛善汪伯彥議論不同澤在京師凡有申請多為潛善伯彥沮止京畿十七縣境臨河者七十里澤措置均之諸縣每縣管四里有畸各令開濠一丈深八尺於南岸埋鹿角連珠劄寨而樞密院行下約束只令依倣陝西以三七分為率三分出戰七分出助軍錢澤措置京城守禦之兵補葺甚多其費用不少而三省樞密院指揮諸場庫務

如修城造器械見雇工作役更不令支錢澤常懷
憤懣之氣奏請鑾輿復還京師前後數十章賜詔
褒諭曰舜巡四岳著歸格藝祖之文周撫萬邦存
王歸在豐之訓庸知帝王之軌範咸以都邑為本
根　朕遭時多艱思世大治求懷撥乱之策不憚
省方之勞俟敉寧之有期即旋復之何晚夙宵軫
慮寢食不忘雖王者以天下為家曾靡常於臨幸
而臣子視人君猶父得無欝於瞻思卿等留居千
里之畿拱扈九重之闕合數十百函之奏傾億千
萬衆之心渴聞嗚蹕之音虔舉回鑾之請備觀忠

欽深可歎嘉澤有渡河恢復舊疆之意以大名當衝要檄提點刑獄郭永漕臣張益謙與北京留守杜充相掎角求得檄即朝夕謀戰守具因結東平權邦彦爲援兵聲勢振是時王善張用諸大盜皆招聚京城下卜日進發以薛廣爲前驅有陳德者軍班換授宣和間燕山用兵時爲眞定府路兵馬都監盧溝之役降爲承節郎京城圍閉在城上守禦城陷歸家不出仕澤聞其名尋訪得之令統廣爲副纔離京城而澤暴卒澤志大才疎事雖不就而人皆惜之

林泉野記曰宗澤字汝霖婺州人登元祐六年第
累遷朝奉郎靖康初知磁州為備甚嚴整加秘閣
修撰 康王同王雲奉使金國過磁百姓殺雲澤
乃勸 王起兵援王室不宜北行 王遂還相州
王既為天下兵馬大元帥澤與汪伯彥為副
王至大名澤引衆二千來勸速進副元帥汪伯彥
等阻止不從及 王欲往東平府乃令劉浩尚功
緒楊青常景王孝忠五軍以陳淬為都統制軍開
德府又令閻丘陞孫振往聽澤節制澤屢請師伯
彥恐敗和盟撽止其行金人自衛南來犯開德澤

遣統制孔彥舟敗之次日來犯行在又為彥舟所敗澤與權邦彥乘勝欲徑至京城以戰車一百五十兩從行至衛南遇伏兵敗趍南華虜以兩軍掩擊推車者皆走先鋒統制王彥忠等死之澤再聚兵傳檄四方欲邀奪 二帝 王即位澤請因天下兵集親征迎 二帝復中原黃潛善汪伯彥又沮其事加徽猷閣待制知襄陽澤又乞十萬衆欲復河北不聽李綱入相薦為東京留守澤威惠兼著民心悅服王善以兵五萬丁進以兵十萬衆楊進以數萬皆來降補楊進榮州防禦使知河南府

澤遷資政殿學士命閭丘勍屯兵西京會合王善
丁進楊進合兵六十萬欲渡河迎　二聖虜人頗
畏憚潛善伯彦疾其功又慮為變乃用郭仲荀為
副以察之方出師恭卒年七十楊進大泣京城失
望皆哀痛之
靖康小雅曰門下侍郎御營使東京留守宗公諱
澤金人再入塞將犯畿甸公守磁州抗疏力請朝
廷大為之備身乞將兵以與虜角　淵聖嘉之進
秘閣修撰且使募河朔騎勇為夾擊之計　康王
使虜至磁為百姓遮留不使北去公因進說又請

上便宜總河朔兵入援京師會　淵聖以蠟書間
道拜　上為兵馬大元帥且專誅賞　上進公待
制爲副元帥　上南至大名或傳金人已北歸公
遂分兵邀擊至衛南遇賊力戰數日賊兵日滋公
無後繼既小衄賊方北去　上嗣位進公閣學士
拜東京留守公既至京師簡料戰士信賞必罰兵
勢遂振復招來巨寇如楊進丁進之流得兵數十
萬人又繕葺京師譙門樓堞以至宮闕官府咸一
新之雄壯不減宣和間連章乞車駕自願率所訓
兵暨所招盜賊度河北進討時黄潛善汪伯彥當

國雖力沮之而公之意未嘗少衰既而　上悟其
姦拜公門下侍郎御營副使依舊留守建炎二年
有旨遣韓信忠之伊洛又令滄帥劉錫密結河朔
之人自青州絶河進兵命公總大衆自滑而北期
集於中山公聞命欣躍賫金銀兵械纖悉畢具行
有日矣而潛善伯彦恐公成功又以姦計從中止
之公大憤懣鬱鬱久之疽發背而死中外惜之嗚
呼如公之忠義實古之以死勤事者不幸捐館眞
可謂人之云亡邦國殄瘁矣公敗且不懼沮而不
屈毅然有古臣烈士之風志未克伸功未能成姦

賊所誤非天哉異時秉史筆者述至於此必書曰
黄潛善汪伯彦殺宗澤正史法也詩曰洪河滔滔
感野摧山砥柱中立力當狂瀾胡燄凶焰動植俱
殘公俯視之若營燐然知無不為獨殿中原方事
北討將以身先赤羽若日朱旗絳天二賊巧沮行
或止還雖醢二賊奚足償焉奪之遽矣中外悲嘆
宇文虚中權京城留守
宇文虚中與楊可輔為祈請使副行會宗澤卒遂
留虚中權行留守司
中書侍郎張慤卒

懋字誠伯瀛州人元祐六年登第靖康初授徽猷閣直學士河北都轉運使權大名府康王至大名懋來迎升延康殿學士建炎初召赴行在同知樞密院懋在大名時有洺州王明者號王佐槍與李洪李民聚衆以復奪 二帝為辭有衆數萬懋差無官宗子不尤及進士王協王懋招安撫定授明州觀察使洪民皆閤門祗侯不尤武翼郎協茲皆承務郎後杜充知北京遣王明率衆討金人為趙六舍人所殺李氏復不賊號滿天星者懋俄除尚書右丞 上幸維揚除中書侍郎黄潜善汪伯彥

當政愨以忠梗自任不附會潛善伯彥屢笑宗澤
顛狂愨曰如宗澤之顛狂士多得數人則天下定
矣二人語塞次年八月卒于位識者歎其志未盛
行而已死
靖康小雅曰公諱愨靖康之末公爲河北都轉運
使趙野帥大名師徒不安遂叛欲殺野公挺身出
諭衆方定且請公領帥事野遂得免焉
大元帥自相州渡河至大名公力覩時病且陳天
下所以治亂安危之本上爲動色而心善之明
年上登大寶位召公入參樞府稍遷右轄遂貳

黄門公自入預大政惟知殫竭其言益危其諫諍愈切無所阿避雖黄潛善怙勢肆姦專務壅蔽自汪伯彦而下皆奴事之不敢少忤其意惟公以直道自持而折其失誦言其短事必力爭雖言不行而不少屈已而皆知公言 上獨嘉之潛善内不能無愧愈忌公公亦屢乞身甚力 上知公忠誠勁直加眷倚終不聽公去天下引領俟公入相而公且死矣建炎三年夏 上自抗章建康過公之墓思公賢降詔遣使致祭厚卹其家嗚呼士之仕於朝也患無眷於君矣而天子明察備知公爲深

言雖力不足勝潛善之姦事既驗不能革潛善之
愎潛善之誤國嫉賢其罪如此卒不過死而令公
死乎是可嘆也詩曰建炎紹統銳於中興乃得賢
輔食蘖飲氷責君堯舜良哉股肱苟用其言不難
丕承相臣巨蠹忌嫉才能群邪翼之如彼鷙鷹公
奮不顧忠勇日增瞻之維何垂天之鵬瑣瑣潛善
陋比蠹蠅賢死姦壽何戒何懲

殿中侍御史馬伸言謝克家孫覿不可復用

三朝北盟會編卷第一百十七

三朝北盟會編卷第一百十八

炎興下帙十八

起建炎二年八月二十一日癸酉盡十月二十六日丁丑

二十一日癸酉殿中侍御史馬伸上言乞罷黃潜善汪伯彦

殿中侍御史馬伸上言 陛下龍飛河朔近得黃潜善汪伯彦以為輔相一意委任不復致疑然自大任以來措置天下未能愜當物情遂使夷虜日強盜賊日熾國步日蹙威權日消且如 二帝親屬盡室[illegible]北狩宗廟社稷不絕如綫着繫

陛下一人而三鎮未復不當都汴以處至危之地
此理甚明然前日不還都之詔以謫許景衡至於
今日當如之何其廟諱詔令有如此者又如吳給給
張閣以言事被逐鄧成章緣上言遠竄今是何時
尚仍舊體以言為諱其壅塞言路有如此者又如
祖宗舊制諫官有闕御史中丞翰林學士具名取
旨三省不與厥有深意潛善近來自除臺諫仍多
親舊其毀法自恣有如此者又如張慤宗澤許景
衡公忠有才皆可任重事潛善伯彥忌之阻抑至
死其妨功害能有如此者又如有人問潛善伯彥

救焚拯溺之事則二人每日難言其意蓋謂
陛下制之不待施設或問陳東事則答曰朝廷行
不知蓋謂事在 陛下也其過則稱君善則稱己
有如此者又如御營使雖主兵權凡行在皆御營
使所統潛善伯彥則別置親兵各一千人請給居
處優於衆兵其收軍情有如此者潛善伯彥所為
類此豈不辜 陛下責望之意哉復望速罷其政
柄別擇賢者共圖大事伸仍具申潛善伯彥照會
二十二日甲戌殿中侍御史馬伸衛尉少卿
遺史曰馬伸上言乞罷黄潛善汪伯彥政柄辰巳

刻間道路已喧傳無不欣見於眉宇翌日聞仲遼
攺衛尉少卿有顰蹙而吞聲者
二十九日辛巳李成劫掠宿州
先是朝廷命李成充京東河北路都大捉殺使成
領兵之南也秋毫無犯於民將及宿州乃懷反有
擄取宿州之意分軍為二一侵泗州别將主之一
侵宿州成自將之皆約八月晦日至是成來使入
宿州乃曰備奉聖旨屯駐于宿州故人皆不疑市
井買賣如舊軍人來及半即有登城者俄頃弓矢
亂發縱火肆剽掠盡取強壯為軍并驅虜其老幼

别將泗州者不及期唯到虹縣亦縱火劫虜而回
成欲一日取兩州别有冀望非常意既聞泗州軍
失期遂止于宿州以前軍吏亮反即時撫諭已定
事中聞朝廷朝廷待以不疑乃就賜鎧甲萬副成
得鎧甲軍勢愈盛矣是時車駕在維揚有文書衛
士及百姓販賣者成皆資給之故往来行在者皆
譽成有忠義報國之心識者以為志望不淺非它
賊比

賜李成一行將佐詔

朕觀風南服注意中原有嘉忠藎之臣夙統驍雄

之衆扞時烽蠆爲國金湯方炎熛之異常想戍屯
之良苦特馳信使往諭至恩尚體眷懷益堅圖報
主客員外郎謝亮撫諭夏國
先是春初夏人諜知鄜延內備外禦有可乘之機
宥州監軍司忽移文本路稱大金以鄜延割隸本
國須當理索若敢違拒當發大兵誅討鄜延路經
略安撫使王庶即口占擄撽詞口金人初犯本朝
嘗以金肅河清畀爾今誰守之國家姦臣貪得不
恤鄰好一至於此貪利之臣何國蔑有意夏國躬
蹈覆轍比聞金人欲自涇原徑擣興靈方切爲之

寒心不圖尚欲乘人之急幕府雖士卒單寡然頗
皆節制之師左枝右梧尚堪一戰果能辦此何用
多言徑檄興中府因遣諜間其用事臣李遇傷虜
主乃謀移楗賀蘭司忽亦縮甲不復敢言故朝廷
議遣人夏國乃詔主客員外郎謝亮往撫諭夏國
以繼舊好亮至陝西庶又書移于亮曰春秋之義
大夫出疆有可以安社稷利國家專之可也夏国
爲患至小而緩金人爲患至大而迫方黠虜挫鋭
於熙河奔北於本路子女玉帛不知紀極占據同
華畏暑休兵閣下能仗節督諸路帥協同義舉漕

臣應給糧餉爭先並進未能洗雪前耻而亦可以
驅迫渡河金秦冀䖏徐圖恢復夏人秋稼未登飢
餓疲羸何暇興兵庶可保其無它亮不聽亮自環
慶入夏國使還夏人隨之以兵掩取定邉而鄜延
無驚報
九月一日壬午朔王彥赴行在
初王彥至京師以兵交付宗澤也澤令彥量帶親
兵赴楊州行在所既到有旨令閤門引見上殿
二日癸未衛尉寺少卿馬伸貶濮州監酒
馬伸為殿中侍御史上言黄潛善汪伯彥之罪也

罷政柄潛善惡之遽改爲衛尉少卿便具以所言
申御史臺乞行誅竄有詔馬伸言事不實趣向不
正可送吏部與京東路監當於是潛善以伸監濮
州酒促使上道竟死途中天下寃之
三日甲申丁進復叛率衆寇淮西
丁進復叛韓世忠軍有其餘黨百餘人斬於楊州
竹西亭斬至王權有良恩者勸世忠釋而用之恩
嘗仕于陝右而世忠爲其部曲故世忠敬而聽信之
杜充爲京城留守
遺史曰杜充爲北京留守也提點刑獄郭永嘗畫

三策以遺充一日汞見充問其目充曰未暇讀也
汞面數充曰人有志而無才好名而遺實驕蹇自
用而有虚聲以此當大位鮮不顛沛公等足與治
乎充大慙一日天雨紙銭于軍營中厚約一寸許
人皆以爲不祥翌日與金人戰于城下敗績充遂
閉門以守至是宗澤卒乃命充爲京城留守張益
謙爲北京留守裴億為轉運使
别録曰東京留守宗澤卒杜充代之澤方留守時
嘗有志經畧河東河北故兩河豪傑皆保聚形勢
期以應澤澤又招撫河南群盜城下欲遣復兩宫

議既定先以薛廣張用王善前驅總離城下而澤死充無意於虜盡反澤所為故河北諸屯豪傑皆散而充又務誅殺故城下兵復為盜去畧西南州縣數歲不能止

十二日癸巳金人陷冀州權知軍州事單某自縊死先是知冀州權邦彥以兵赴元帥府勤王有雲騎第六指揮李政者在京東立功補官授河將北軍冀州駐劄措置守城甚有法紀律嚴明軍民皆不敢犯金人攻城皆禦退之禦敵之方皆出人之意表每戰先見勝則出兵則必勝或夜劫金人寨所

得財物盡散士卒無纖毫入私家號令明賞罰信由是人皆用命一日金人攻城急有登城者火其門樓與官兵相隔政曰事急矣有能躍火而過者有重賞於是有十數人皆以濕氈裹身持仗躍火過大呼力戰金人驚駭有失仗者遂敗走或跳躍下城城乃無虞政大喜皆厚賞之至是政已死矣故不能保守而城陷

十三日甲午金人陷長安知軍府事郭琰棄城走

先是金人陷長安已退去也王擇仁入長安稱撫定永興軍既而郭琰以朝廷之命來帥長安擇仁

退去琰以擇仁有兵欲得之遂劾擇仁擾鄉村作
過等事又移文金州兵會合掩殺之擇仁欲往金
州為金州所拒無所歸聞河東山寨有未順金人
者乃經畫河東山寨於是金人再犯長安琰棄城
走遂陥之初同州有鄉兵首領党松者永興軍路
經畧司以為統領李彦仙為虢觧州制置使也檄
松同知州時同州陥没松大喜寄治于三十里外
下寨松猶以長安帥司之命因諸長安見琰欲換
其差牒而琰留其知同州文牒不給付而城陥
王庶節制陜西六路軍馬曲端都統制

先是京東留守司承制以王庶權陝西路制置使
曲端權河東路經制使端以狀申庶稱准留守司
差河東經制使乞照會以牒移鄜延帥司請備人
粮馬料支給帶行人兵方擬議間承六月詔書權
庶龍圖閣待制節制陝西六路軍馬并端横行遥
郡團練使爲都統制詔旨有曰儻不靖難於殘暑
之前必致益兵於秋凉之後庶移文諸路如詔旨
催端前未雍耀間措置邉事端復具公狀稱未受
告身不数日走馬承受公事高中立自行在賫端
告身至庶遣人達之諸路兵皆輒應起發庶即以

鄜延兵先出至龍坊而端又稱日前曾有公移往
還已奏乞迴避而渭帥席貢别差寵世才統步騎
萬人來會㢘無如之何則行下涇原勒端還舊任
聽候朝廷指揮亦别差環慶將劉仕忠權都統制
涇原將寇鱓同制統秦鳳熈河兵共不滿萬人先
會鄜延軍屯八公原以待㢘欲督戰已戒行寵世
才兵至邠端中悔乃飛書止世才兵復公狀申節
制司已起發赴軍前㢘以故其行遣仰勞端端節
既得兵柄則傍偟于淳化矣
金人焚丹州犯延安府

二十日辛丑陝西六路節制司將官賀師範及金人戰于八公原失利師範被殺

王庶在坊州遣賀師範趨耀州王宗尸趨白水移文涇環二師出兵為援驅逐残冦渡河且備秋高之復入二帥各遣偏將至會師範遇虜于八公原為賊所乘王師敗績師範死之涇環二將各引歸

范瓊為御前平冦前將軍

范瓊以定武軍承宣使御營使司都統制討李孝忠為功加天武捧日四廂都指揮使同主管侍衛步軍司移軍真州除御前平冦前將軍瓊在真州

馭衆慘酷斷臂折支剖剥炮烙鉤釘椎剔靡所不有

二十六日丁未薛廣及金人戰于相州被殺

初京城留守宗澤命王善張用薛廣收復兩河前驅纔離京城而澤暴卒杜充代爲留守不善撫馭務誅殺善與用復叛去而廣已渡河時相州受圍乃解圍相州入相州境遇金人與戰不勝廣死其衆皆散

十月丁進以其衆降于劉正彦

丁進復叛率衆寇淮西詔劉正彦帥師討之正彦請通直郎劉晏偕行許之晏者遼東白霫州人在

遼以文章筮仕宣和四年率衆数百歸朝廷朝廷授以通直郎金人犯順朝廷以晏總遼東之兵謂之赤心隊故晏以赤心騎八百從逮壓賊境晏之衆寡不敵乃請於正彦曰兵固有先聲而後實者今賊勢甚張若不以奇計破之難以力取請爲五色旗幟俾騎兵八百持一色於山林重復自背後取路前後相繼不絶一色旗盡即以一色易之駭賊心正彦然之賊見官兵累日不絶色旗各異謂官軍甚衆遂不戰而請降乃分進兵各隷麾下詔授晏朝散郎賜金帛有差晏以金帛悉分將士將

士皆悅

五日丙辰王彥轉官免對

宗澤遣王彥赴行在也有旨令閤門引見上殿是時朝廷以遣宇文虛中楊可輔爲祈請使議和而彥見黃潛善汪伯彥力陳兩河忠義民兵引頸以望王師願因人心向順大舉北征犄角破賊收復故地言辭憤激大忤潛善伯彥之意是日降聖旨

王彥沿河宣力日久特與轉武翼郎除閤門宣贊舍人仍舊帶行元擬官遂不得對

王彥爲御營平寇統領官

上以王彦爲御營平寇統領官與平寇前将軍范瓊歸京師彦素知瓊臣節不著難與共事即稱疾求醫有旨令眞州将治彦居眞州閉門遠跡絶不與人通瓊領彦兵而去

劉光世敗李成于上蔡驛口橋及新息縣

李成寇淮西劉光世討之以王德爲先鋒将率諸将敗成于上蔡驛口橋成奔新息聚散卒再戰時光世以儒服臨軍成遥見白袍青蓋者必大将也併兵圍之德潰圍援光世以出光世曰非公之力吾其危哉戰皆勝成遂遁走成主謀陶先生以被

執送行在以火燃于開明橋上光世特授檢校少傅
王伯彥時政記曰是日御營司進呈檢校少保奉
國軍節度使劉光世具到眞奏楚州見養濟李成
下人兵家屬男兒婦女共六百餘人　上曰此曹
凶捍不顧其身豈恤其家　朕念作亂者非家屬
之罪宜令遣往遠處州縣亦給錢米養之臣潛善
曰自李成寇叛諸將及郡守監司多言宜殺其家
屬臣累奉聖訓勿殺以招其徒臣聞光世凱還過
楚州降卒見其家屬卞恙朝廷養濟如舊皆感泣
仰戴聖恩悔從賊亂今當擇與官軍戰鬭不降者

籍其人口别取處分外餘並給公據放令自便臣
勝非口郊祀大禮赦中可條具 陛下寛貸德音
使天下聞之潛善曰去降赦尚半月日具依令來
指揮下行候放赦更及之則四方賊徒聞 陛下
好生之德如是必散黨爲四心以歸聖化矣上曰
昨日於光世處取得李成所用提刀來看其刀重
七斤成能左右手輪弄兩刀所向無前惜也成惑
於陶先生邪說臣節不忠使 朕不得用之陶先
生名子思常爲道士誕妄喜談兵成至符離得之
謂函成有割據之宜相驅虜良民十萬往西州據

成都保有兩蜀成信其詤遂生異志逮其敗也軍
中多恨不得子思今日光世到都堂押子思來云
使人至京門外見鞫其情狀奏聞　上曰甚喜
李成者雄州歸信縣弓手也寡言笑重然諾譎詐
不情以驍勇聞於河朔有衆數千假行仁義能以
甘言撫慰其士卒故亦能得其衆心累功知歸信
縣雄州失守成妻子在城中爲乱兵屠戮成率其
衆數萬人各扶老携幼渡河來歸朝廷授以右武
大夫忠防州禦使充京東河北路都大捉殺使朝
廷慮其黨太盛命分二千人往南京一千往人宿

州把截糧餘衆令押赴行在成遣部將史亮者統
所分之人行亮至宿州輒剽殺居民焚汴河橋成
躡其後逼逗留懷貳不進朝廷得其姦謀命光世
追討至光州界勦殺平蕩無餘成僅以身免初光
世許得成者以成官爵予之士奮命爭奪故人得
其祕篋與所用提刀
十二日癸亥金人渡河攻開德府濮州
是日得報金人渡河攻打開德府不破已往濮州
見今攻打城壁差御營使司統制官張俊領所部
兵由京師前去開德府差統制官韓世忠領所部

兵前去東平府迎接又劄下先差河總外管見屯
駐冀州馬御名領所部兵與張俊韓世忠互相應援
既而議者謂張俊爲中軍統制不可遠去留張俊
差統制官范瓊由京師前去開德府
馬御名率兵攻清平不克還行在
先是馬御名以節制應援兵馬使集諸軍欲大舉收
復陷没河北州郡師次館陶聞冀州已陷金人犯
博州皆傍徨不敢進其副俱重與統制官曲裏曾
班杜林望風奔潰還朝共肆譖誣以迎合當時之
意馬軍士乏食衆詾詾以頓兵不動爲言馬遂率

衆往攻清平虜酋撻懶郎君與闍目寓田里合兵
併往攻清平虜與馬戰城南統制輩仲達及子元
忠皆死於陣向晡清平人開門助金人掩馬之背
馬歛兵退衆皆散乱不整馬以事不可濟乃由濟
南以歸時統制張世昌一軍誤由東平路與馬相
失世昌途中立節制使牌旱晚趍衛馬到行在上
表待罪褫三官罷其兵職

窩哩嗢撻懶闍目之衆敗馬緇於北京清平因之以
犯河南

粘罕自雲中率衆下太行南渡黎陽以犯澶濮粘罕

圍濮州爲本州將官姚端乗夜攻而敗之

粘罕圍濮州之初視其小郡甚有輕敵之意端乗

其不意夜鏖其營直犯中軍粘罕跣足逃僅免俘

馘至城陷也端引死士突陣而出粘罕以端之故

盡屠其城

粘罕謀陷濮會窩哩嗢之衆先犯北京継寇兖鄆

二十六日丁丑范瓊率兵至京師

翟興翟進及楊進戰于伊川鳴皐山下軍敗翟進被

殺之

宗澤東京留守也借楊進榮州防禦使令知河南

府進未行澤卒杜充爲留守進爲京城統制其衆
皆剽掠百姓苦之進不禁引衆欲入西洛聲言就
駐捍賊所過焚室廬驅子女殺戮無辜開發墳塜
刺強壯數號稱七十萬擅置官吏兇暴日熾翟進
翟興謀曰楊進兇賊爲國家大患當力除之遂率
其衆迎楊進與楊進遇于伊川之鳴皐山下夾伊
水而陣楊進多騎兵興皆步卒望楊進騎兵有懼
心翟進激之戰率衆渡伊水翟躍進馬先登爲流
矢所中馬驚墜入塹中爲賊所害乘勢大呼擊官
軍官軍遂敗興麾餘衆復保伊川

邵興敗金人于陝西州夏縣

三朝北盟會編卷第一百十八

三朝北盟會編卷第一百十九

炎興下帙十九

起建炎二年十一月盡十二月二十一日辛未

十一月苗傅劉正彦以兵八千扈衛

隆祐太后六宫駐杭州

是時邊報不一

上命苗傅劉正彦帥師扈六宫南渡至錢塘傅爲

御營都統制正彦副之劉晏所統赤心隊猶隸麾

下傅與正彦皆陝西人傅父禮正彦父發皆爲西

邊良將傅隨梁楊祖信德府來勤王爲右軍統制

上即位爲御營使司後軍統制正彦少爲文質宣
和間劉光世薦其才得換武職傳拙直不能曲奉
内侍故多譖之者正彦來上方畧故被選用
十二日壬辰金人陷延安府
正月金人陷延安府東城而西城堅守未下金人
知曲端與王庶不協乃併力寇鄜延攻自康定王
宗尹不能禦庶在坊州聞人入康定連夜趍鄜
延以遏其前金人詭道陷丹州丹州界于鄜延之
間庶乃自當鄜州来路遣龐世才鄭恩當延安來
路時端盡統涇源精兵五萬駐淳化月餘不動日

移文趣其進兵遣使臣進士十數輩往說諭端言
併兵鄜延無益不如蕩賊巢穴兵法所謂攻其必
救乃遣吳玠攻華州端自攻蒲城縣華州蒲城皆
無守兵玠拔華州端不攻蒲城復與玠合軍歸襄
樂屬環慶在深山中去金人五百里天大雪寒甚
金人攻世才世才與戰下不用命乃敗自此金人
遂專圍延安西城日夜攻擊不息庶自收散亡援
延安比至甘泉而延安陷權知延安府劉洪及總
管馬忠出奔初王燮援至鄜州聞延安已陷即復
回興元金人　肆殺掠遂東趨河上如欲渡河者

稍北近綏德軍庶自劾待罪
別録曰十一月壬辰虜陷延安初鄜延經畧使王
庶屢戰有功聞擄自熙河敗回乃檄諸路不應又
移書謝亮以率諸帥亮不從既而詔除庶節制六
路兵擊虜於鄜延耀間諸路又不應虜諜知遂破
延安
王庶奔于曲端軍中曲端奪其制置使印
王庶既失延安罔知所措倉皇未有所歸念惟有
曲端在襄樂雖素不相協然勤勞王事則自有公
議且曰捨端吾何歸乃率官屬馳騎至襄樂造端

之壁端號令甚嚴叩其壁者雖貴亦不敢馳虜既
至端令每入一門減其從人之半及至帳下僅有
虜兵一二而已端設軍容見虜虜惶遽戰慄端數
其失延安之罪詞色俱厲虜僅能言自劾見待罪
端遂取制置使印撟禮隨行騎從御名迫虜還鄜延
盡拘縻其官屬
十五日乙未金人陷濮州
金人圍濮州知州楊粹中固守之金人力擊者三
十二日自西北角登城守陴者不能當城遂陷粹
中登浮圖最高級不下金人招之不從金人惜其

忠義許以不死粹中乃下粹中真定府人金人以歸鄉城中無少長良賤大肆殺戮仍火其廬舍俱盡

金人陷開德府

金人寇開德府王某守其城金人以爲文字至城下呼曰知府王某有文字來歸附大金故我來此汝百姓何敢拒師軍民信之欲殺知府知府走至南門未出城爲軍民蹂踐而死金人入城怒其拒戰殺戮無子遺紹興九年復得河南地惟開德府城中無一户舊居土人

金人陷相州權知軍州事趙某同家屬赴井

金人圍相州久粮食皆盡猶堅守未下趙縣丞者不字宗室也權知州事人呼爲安撫者趙安撫與軍民議曰食已盡人相食啗外無救援安可久乎某乃國家宗室豈有順番諸人當自爲計衆皆不應趙安撫曰約降如何衆雖悽慘然有唯唯者趙安知其意乃登城逞謂金人請開門授拜乞不殺金人許之趙安撫乃具降書開門而自推其家屬入一井中然身後擲入井先命提轄以土蓋覆提轄遂實之以土人皆哀之

二十二日壬寅就江都縣築壇南郊大赦天下

門下觀會通以行典禮莫嚴定位以交神遠皐疾
而弭裁兵亦或自時而致禱　朕紹承大統誕受
多方屬外患之相仍爰省四方而臨幸念父母兄
弟尚屈於敵疆惟甲冑干戈再淹於歲序問寢闕
温清之奉在原深急難之情信使屢馳久猶未報
全師再遣坐待底寧俊盜竊之無良乘邊陲之多
事馮陵州縣震擾民泯衣冠傾仆於道塗耒耜荒
残於本業行者未知所適居者莫獲其安傷閭里
之疾苦則無循之政尚愆閲行陣之勤勞則休息
之期猶遠每撫心而及此屢當食以興嗟險阻艱

難固備嘗矣勞來還定孰安集之豈非德之敢圖
惟上穹之悔禍永懷眷祐恭侯監臨雖丁多壘之
辰適在當郊之歲惟祭或祈或報必稽於時物之
儀而禮之有儉有豐特視情文之稱是用講有虞
東巡之制循建武二成之規新黻冕以嚴恭建胥
徒而齊沐蓋高在上聰明皆自於我民與善惟人
治亂無艱於天位既殫誠悃罙極戰兢仰覆冒之
何心詎存時怨況顛危之已甚寧忍我遺疾呼反
本而必聞精意默通而可動庶幾來暇式燕多難
新命舊邦協幽明而並貺比強爾界一內外以均

安其敷贍蕩之恩以廣庵鴟之施可大赦天下於戲爲斯民而請命敢忘痍（缺一字）之無辜置大器於復安實冀昊天之所予尚賴六服群辟三事大夫共宪怓復之功亟底隆平之業

邵興敗金人于絳州曲沃縣

知濟南府劉豫擢知淄州李某叛附于金人

初李成敗于劉光世也轉冦淄州攻擊僅兩月不下迪功郎李某權知州固守之成粮漸盡侵濟南府界擄于外邑淄州求救于滄州劉錫濟南府亦求救于滄州兩州皆堅守拒成以待外援會金人

侵山東先生濟南府劉豫謂滄州救兵來矣即不爲守禦備開門納之乃金人也遂就投拜金人未至淄州前一日成起軍轉城而似欲退去者淄州人疑之莫測其故俄而擺列諸軍于城下盡發諸寨老小先行是夜神霄宮火焚燒諸寨淄州人謂成果退去矣翌日金人馬軍逼城淄州人亦謂是滄州救兵乃具香花于城上望塵歡譟既而知是金人遂就投拜金人謂自入南界來有如濟南府淄州秋豪不勤而投拜者大喜之自後金人據有中原諸州皆屯戍女真契丹軍唯濟南府淄州並

無一人一騎
韓世忠為御營平寇左將軍領兵一萬軍京東
金人侵京東故命韓世忠軍于京東以措置之
劉正彦為御營平寇右將軍
王倫上書乞入大金迎請 二帝加朝奉郎大金通
問使
朕惟疆事未寧親庭在遠夙宵軫念庶孝悌通于
神明物色求人儻忠信行於蠻貊眷兹久矣今乃
得之以爾胄出公侯貿兼勇智言念主憂而臣辱
何有於生如皆已佚而人勞孰當其責雖淹國之

未試獨慷慨以請行宜升郎秩之榮仍委使華之重朕既俯同晉國用魏絳以和戎爾其遠慕侯生御太公而歸漢勿憚徂征之遠佇其歸報之休倫以修職郎改朝奉郎充大金通問使

詔戒百官

朕承祖宗有道之長賴黎獻戴宋之舊嗣守神器適歲當郊祗見皇天后土慨念父母兄弟越在他邦宗廟社稷之託中更異姓一時赤子塗炭靡依獨予一人舊勤于外天其或者俾復大業保乂斯民以導迎南還之御惟茲肇祀實報以祈

未嘗差
訛

朕齋慄存念大懼非德弗獲顧歆乃先事三日繁
陰凝翳潤不至濡辰于 朕心罔獨靈祉逮祖廟
及壇垂象爍炳夜氣晏温風靄澄霽迄用成禮顧
朕眇昧罔有一二敢曰馨聞于 上實惟 祖宗
之靈相佑在天惟爾萬方有衆不替忠順恊于天
心 朕既獲祗事弗敢謂夲矧敢怠康方恐懼修
省以靈承扶持全安之眷念與爾有同體共利冀
各迪乃心無拂於上下神祇共迎景貺以宏濟多
艱用誕告于率土惟世理乱在吕庶戚休無有小
大遠迩惟底寧爾國則亦寧爾家爾肦在焉、股肱大臣其同寅協恭思難圖易輔朕不逮以唱百辟論思獻納之官昔耳目風憲右右侍衛有言達于予聽必忠必誠毋奪于私凡曰有官君子飭躬謹行惟職業是修守令部使者暨爾僚佐有爲有行其必曰毋傷于民毋害于国無及爾身暨爾家則獲神休而永終譽中外爪牙之臣賈勇敵愾思逮戡難之勳以懋遠圖毋貽名節之羞軍民戰士咸奮忠力遂爾寵榮至於失業無依嘯聚林藪恬衆爲暴殺掠無辜當思神明譴殛之報應甚影響古今誅討之刑雖緩必正革心自効掩罪以功錫

爾官爵、永惟我国家之用、朕信不渝、嗚呼天道
福善助順、罰惡禍淫、踈而不失、股肱大臣、暨爾萬
方有衆、咸思寅畏、冀天悔禍、救民塗炭、俾我父母
兄弟宗族臣民、躋世隆平、與萬世有衆共之、咸孚
朕志、毋苟目前之安、而敢怠惑、尚有賞刑、爲爾後報、
十二月五日乙卯
隆祐皇太后至杭州
隆祐皇太后六宮至杭州、以州治爲行宮、扈從統
制官苗傅等國駐于奉國寺
十日庚申、金人犯東平府、知軍府事權邦彥棄城走

遺史曰權邦彦字朝美崇寧四年進士釋褐登第
靖康間知冀州以兵赴元帥府勤王建炎二年代
盧益之東平府孔彦舟爲鈐轄邦彦與之不和彦
舟領兵叛去至是金人犯東平府邦彦不能守棄
城遁去降授朝散大夫
金人陷東平府
十四日甲子金人陷北京河北提點刑獄公事郭永
死之
金人犯北京北京留守張益謙轉運使裴億提點
刑獄公事郭永共守之益謙億齷齪小人守志不

固唯永率士晝夜乘城伺間則出兵擊之或勸益
謙委城遁去永曰北門所以蔽遮梁宋虜得志則
席卷而朝廷危矣借力不敵猶當死守徐挫其鋒
以待外援之至柰何棄之因募士齎帛書夜縋城
出告急於朝廷且請朝廷爲虜偪金人攻益急俘
東平濟南人大呼城下曰二郡已降降者富貴不
降無噍類益謙憶相顧色動永大言曰今日正吾
儕盡節之時不宜有二乃行城撫將士曰王師至
矣吾城堅汝輩當努力賊不足畏也衆皆感泣甲
子質明大霧四塞虜以斷残礮爲砲樓櫓皆壞左

右掌盾而立至有碎首者良久城陷永安坐城樓
上或掖之以歸諸子環泣請去永曰吾世受國恩
當以死報然巢傾仰覆汝輩亦將何之茲命也奚
懼益謙億二人迎降粘罕曰城破而降何也二人
皆言郭永不肯降粘罕遣騎召永永正衣冠南向
再拜訖易幅巾而入粘罕曰沮降者誰永孰視久
之曰不降者我也尚奚問粘罕見永狀貌魁傑且
夙聞其賢乃自爲夷語數十言欲以富貴啗永而
降之永瞋目唾罵曰無知畜豕恨不臨爾以報國
家何說降乎粘罕令譯者申諭不已永擊手怒罵

不絶粘罕惡其言麾之使去永復屬聲曰胡不速殺我我死當卒義鬼悉滅爾曹大名人在縶者無不以手加額爲之出涙粘罕令斷所舉手并其家害之時年五十三即日傳語城中雖素不與永合者亦相向慟哭金人去相與負其尸瘞之永字謹思大名府元城人天資雄豪氣剛直長七尺美鬚髯望之如神人博通古今得錢即以買書家藏書萬卷因事爲文皆可録而不求人知見古人立名節者未嘗不慨然掩卷終日而尤慕顔魯公爲人喜面折人過退無言聞秋毫之善必咨嗟奬成如不

及士友以此嚴憚而歸之事親孝與人忠輕財篤
義而於吏治精明紹興初贈中大夫資政殿學士
謚勇節
十五日乙丑黄潛善爲尚書左僕射同中書門下平
章事汪伯彦爲尚書右僕射同中書門下平章事
制曰宰天下之平實繫秉鈞之重揚大廷之號丕
昭顯俊之公若時登庸訪予落止戎虞未殄有杇
索馭六馬之憂國步方艱如抱火厝積薪之懼臨
朝興歎當饋靡寧眷求四嶽百揆之賢圖回二帝
三王之治必有任斯民之責者庶幾選於衆而得

之太中大夫知樞密院事御營副使新安郡開國公食邑二千五百户實封六百户汪伯彦惟老成人以儒術用德器羣公之表威名萬里之衝東先物之幾判若大龜之決處獨危之正挺如執玉之堅頃佐命於戎衣久宣勞於樞筦歷時滋久雋譽益孚帝賚有開渭水獲伯王之輔价藩作固顯吏是社稷之臣其遂相予無以易汝宜體仰成之意益御名大政之元進躐文階陪御名眞食并蕃物秉庸示眷懷於戲無競維人非賢不乂成湯之學伊尹有不召之臣大舜之舉皐陶而不仁者遠往宣一

德用格多盤可特授正議大夫守尚書右僕射兼
中書侍郎依前御營副使加食邑七百戶食實封
三百戶封如故

公伯彥時政記曰黃潛善伯彥正謝 上曰潛善
作左相伯彥作右相 朕何患國事不濟伯彥昨
知相州甚有政聲事 朕同險艱備知其忠實潛
善與伯彥更同心濟謀以副朕考廟諱之意

金人陷虢州

十九日己巳李彥仙敗烏魯孛堇于陝州

二十一日辛未金人寇青州

殿中侍御史張守撫諭京城

遺史曰先是朝廷措置防秋朝士紛然求去殿中

侍御史張守上疏曰比年綱紀隳壞風俗彫薄士

大夫無奉公守節之誠爲全身遠害之計一旦緩

急委君父而不顧此靖康之末可爲痛哭流涕吾

者也防秋在期方事備禦而職事官各欲便私而

去則國家何賴邪乞揭榜朝堂明示敕戒

上納其言時邊事未寧詔百官具所見聞奏守即

上防淮渡江利害各六條大槩允以遠斥堠探報

爲先別疏論金人犯淮甸之路有四宜取四路帥

臣守倅銓擇能否各賜緡錢責之募戰士儲芻粟繕甲兵明斥堠公賞罰使之夙夜盡力扞蔽蹕至再上宰相黄潛善汪伯彥志外患恃江淮爲險無經濟遠謀忽畧其言不用守又乞詔執政大臣惟以治軍旅選將帥嚴守禦搜人材係政事之大者凡細微不急之務付之都司六曹惟防秋是圖潛善伯彥滋不悦乃請遣守撫諭京城意守不復還矣陛辭　上諭之曰日當不次用卿即日就道

三朝北盟會編卷第一百十九

三朝北盟會編卷第一百二十

炎興下帙二十

起建炎三年正月盡二月三日壬子

建炎三年正月　車駕駐蹕楊州翟興爲京西北路馬步軍都總管兼安撫制置使兼河南尹兼京西南北路招捉使

翟興爲京西北路兵馬鈐轄與楊進戰于鳴皐山下翟進死之興以其事訴于朝乞選重臣鎮守朝廷乃就命興本路馬步軍都總管兼按撫制置使兼河南尹兼京西南北路招捉使

京城留守杜充遣王瀷説翟興使圖楊進
楊進擾河南府以留守司命爲知河南府與翟興
屢戰進於鳴皐山之北深溝高壘儲蓄粮餉謀爲
久計已有僣竊之意詐言遣兵入雲中府復奪
淵聖皇帝及濟王歸欲摇動衆心然後舉事杜充
乃遣王瀷詣伊陽縣見翟興説興使圖之且檄報
楊進置乘輿法物儀仗悖逆顯著責興破賊自此
興與子孫琮率鄉社稷刼之戰無虚日矣
六日乙酉劉誨王貺奉使金國回
先是已遣宇文虚中楊可輔爲祈請使副使于金

國再議遣宣義郎劉誨借中大夫試戶部尚書爲通問使拱衛大夫合州防禦使王貺副之誨等到京師遲遲其行 上聞之命留守司促誨等行到金國金國并命祈請使副宇文虛中楊可輔偕歸於是虛中被留獨遣可輔乙酉誨貺與可輔偕到行在誨字庭誨開封人

金人陷青州

金人寇青州晝夜攻擊凡一十七日丁亥城陷焚燒屋宇殆盡殺掠無遺時權知州魏某被害

金人陷濰州

金人既陷青州即率兵寇濰州又陷其城焚掠而去

軍卒閻皐據濰州自稱知軍州事

金人既退濰州而去牛頭河土軍閻皐與小教頭張成鼓衆占濰州皐自爲知州以成爲昌樂知縣

十日己丑遣祈請大金國信使李鄴周望等

汪伯彦時政記曰是日内殿早朝奏事畢上語宰執曰第四次祈請大金國信使副李鄴周望宋彦通吴德休宜早令進發與定日使鄴輩知之朱勝非曰奉使須得賜金帛方能辨私覿李鄴周望已見辭免所進官職恥更自乞支賜恐未能

便行　上曰於格合得自請何傷黃潛善曰朝廷當爲檢舉只令行下　上曰朕奉使時當京城擾攘受命當日出門都不曾請支賜　朕於王府自出隨行人起發之費約支錢五萬餘貫如士大夫之貧如何可辦今次鄭等依格支賜外仍優加其數國家愛惜財物正爲收積以待當用時耳今遣使議和事若遂成　二聖得歸　朕豈吝金帛之數潛善曰第二第三次奉使劉誨楊可輔王厎歸自軍前皆云金人受私覿物又非昔比更無回荅雖貪食者衆不敢少忤其意恐生事造語有害和

雖遣使支賜加数甚善　上又曰卿等今日往壽
寺奉安會聖宮御容罷早歸私第潛善便與撰了
大金二帥書令鄭等早行潛善曰與元帥書自來
只是平文不用四六　上曰卿早來所撰與大金
皇帝通問書其詞語甚精能馮　朕欲言之意如
此足矣不必須四六也
十二日辛夘邵興敗金人戰于潼関克虢州
邵興敗金人于潼関乘勢收復虢州李彦仙以興
知虢州軍州事
十六日杜充出兵攻張用等不勝

張用相州湯陰縣之弓手也乘民驚擾呼而聚之與曹成李宏馬友爲義兄弟有衆數十萬分為六軍成大名府外黃縣人因殺人投拱聖指揮為兵有膂力善戰軍中服其勇又有王大郎者名善濮州人亦有衆數十萬分為六軍善初為亂也濮州弓兵執其父殺之善有衆既盛乃以報父讎爲辭攻濮州不下又攻雷澤縣亦不下與用合軍皆受留守宗澤招安既而復叛杜充為留守又招安用屯于京城之南南御園為中軍善屯于京城之東劉家寺爲中軍又有岳飛桑仲馬皐李寶諸軍皆

屯于京城之西充以用一軍最盛終必難制乃有攻之意甲午衆入城打請乙未充掩不備出兵攻用令城西諸軍皆發岳飛桑仲馬皐李寶等皆率兵至城南以擣用覺之勒兵拒戰亦會善自城東率兵來與用爲應官兵大敗賽閔索李寶被執岳飛者初隸張所爲効用飛隨都統制王彥往太行山遂自爲一軍後歸京城留守司杜充用飛爲統制

劉洪道知青州

先是濱州葛進作乱殺官吏劫財物取強壯充軍又攻破棣州亦取強壯充軍留守司差尚大猷知

濵州進依舊屯于濵州以其衆皆面刺十字曰永
不負趙王誓不捨金賊以示忠赤進嘗率衆刼潞
縣金人寨得劉洪道者字資深青州人進士及第
曽任楚州州學教授監六部架閣庫先遭金人驅
虜在潞縣寨中進以洪道歸濵州俄報青州有將
兵之变安撫使曽孝序被殺洪道說進令申聞朝
廷及申留守司乞已知青州進然之遂與大猷同
具申既而留守司回報果令洪道知青州洪道未
行會金人残破青州殺權知州魏某而去趙勝據
其城洪道乃𥠇文勝而後行至千乘勝聞洪道至

失措即馳至千乘謁洪道曰但交割本州民事而
已軍馬則公自統之勝喜洪道索從物等具衛儀
而入遂爲知州洪道揭榜百姓在軍中願歸農者
給據放還於是勝之黨十去六七而勝之勢弱矣
有崔邦弼者子弟所出身仕青州因勤王不到京
城而廻退不出洪道尋致之用爲將官
賜青州劉洪道奬諭勑書
爾屢百戰之軍鎮保一方之生齒迄臻寧謐備見
忠勤然方面之權豈容或二軍中之令尤在至公
必愜輿情方收群力儻習因循之弊坐乖綏御之

方無以馭戎便成誤國其體倚毗之意無從牽制之私

張俊請移左藏庫于鎮江府不報

金人陷徐州知軍州事王復被殺

金人將犯揚州先馭徐州入其城知軍州事王復死于庭下有將校趙立者爲州衙排軍發憤鼓率將兵殺金人出城立被傷金人以爲死矣立在草莽中夜得微雨漸復蘇金人往揚州而軍民請鄭秀才權知州事既而軍民衆議以謂立忠勇能辦事可以爲城民之主乃請立權知州事聞于留守

司授立武德大夫兼閤門宣贊舍人知徐州軍事

二十一日庚子百官般家出城

邊報屢至朝廷未有禦之策宰相黃潛善汪伯彥殊不介意人皆危之有般徙出城爲避難之計者潛善伯彥慮恐搖動衆心乃禁百官般家出城市井驚惶益不安矣

張守爲起居郎

張守以殿中侍御史撫諭京師還行在面奏虜人必來願 陛下早圖之毋使宗廟生靈坐罹塗炭上爲之惻然即除守起居郎

張用王喜寇陳州馬臯追之官軍戰敗

張用王喜在京城下與官軍戰執李寶也乃爲杜充終有疑心不可留遂率衆而南至陳州充遣馬臯追擊之用猶未知也約軍會教方擺列忽報京城有軍官至臯率衆乘不備直犯其中軍後軍奔至曹成寨爲成所遏皆止用復與善等併攻官軍官軍大敗尸塡蔡河人馬皆踐尸而渡追至鐵炉步而還官軍存者無幾

葛進衆寇青州

劉洪道知青州於金人残破之後城市焚戮殆盡

而諸邑富饒洪道招輯百姓不旬日閭喧隘城市葛進為洪道知青州盖因己所致且趙勝已死而輯治漸有倫理欲取青州乃率衆同向大猷至城下洪道曰葛進之兵皆衣下擐甲此欲襲取其城耳遂闔扉不納以酒肉米麵釣城下犒其衆進不受遂攻北城而據之洪道以軍民居南城拒守

韓世忠退屯宿遷

韓世忠屯于淮陽軍將會山東合諸寇以拒金人金人粘罕方圖維揚太舉兵自京東入寇至滕縣聞世忠扼淮陽恐稽師期乃分東南道都統兵一

萬先至楊州以議事爲名使　上不得出楊州然
後大兵繼至或謂肅王在軍中同行其事未詳粘
罕以大軍進迎世忠世忠不能當夜退于宿遷縣
未曉至宿遷不虞金人踵襲其後質明覺之奔于
沭陽
遣吏曰韓世忠在沭陽夜寢不安與其帳下乘夜
渡潮水大棄其軍北沙路走鹽城翌旦諸軍方覺
知以主帥既去遂皆潰散後軍管隊官李彥先率
本隊四十七人得二舟入海聚衆自此輔逵聚衆
於漣水李在據高郵皆世忠之兵也其餘收散卒

自為徒黨者不可勝計

知淮陽軍某叛附于金人

韓世忠既退淮陽軍也金人已到城下知軍某望

風投拜金人入城執某而去淮陽無知通有將校

二人自權知通攝

折可球以麟府州晉寧軍叛附于金人

三十日己酉閻瑾棄泗州率衆走

金人自滕縣直趍臨淮縣皆全裝鐵騎白氊笠子

閻瑾屯在泗州初聞京東群寇不寧至是探者回

以謂自氊笠子劉忠賊馬犯臨淮或謂是李成徒

黨瑾以兵進之遇游騎一二千人猶未知是金人
也瑾獲數人以歸驗之乃金人遂解生口一二人
赴行在己酉金人及泗州境瑾率衆出奔金人侄
趍泗州之上数十里間計置渡淮
二月一日庚戌朔金人犯楚州知州事朱琳叛降于
金人
金人侵淮以支軍犯楚州知州事朱琳具欵狀遣
人迎降開西北門納金人開東門放居人自便居
人争奔散寶應縣取楊州路渡江金人覺之皆邀
回城中

粘罕自東平由襲慶徐泗以犯楊州

節要曰自建炎二年秋窩哩嗢既破五馬山寨以

搽知馬御名大軍南來使人馳會粘罕共備之故粘

罕留兀室余覩守雲中率衆南寇也粘罕初下太

行由懷衛將欵東應窩里嗢而聞馬以敗於青州

窩哩嗢從而入寇由是粘罕亦渡黎陽以寇澶濮

澶濮既陷時杜充守東京慮賊西來決大河阻之

賊不能西乃東會窩哩嗢衆同陷北京繼寇兖鄆

故至是由泗以犯楊州

遺史曰是時邊報屢至市井皆知金人兵將至者

而宰相黄潜善汪伯彦禁止街市不得扇揺邉事
亦不許士庻般挈出城二月晦夜閻瑾觧到金人
生口朝廷惝惶以内帑所有通夕般挈翌旦駕御
舟泊河岸居人驚怖莫知所爲　上即敔南幸潜
善等勸且候報得實渡江未晚也是日遣兵出西
門禦賊士氣不鋭人無鬬心在職百官皆欲奔竄
是夜江都縣前火
二日辛亥閻瑾爲其將姚端所殺
閻瑾退兵在洪澤鎮姚端慕殺之是日也楊州士
民漸有出奔者官司不能禁止是夜城中火起凡

三四處

三日壬子金人陷天長軍

朝廷以邊報急方出兵往天長把隘金人又犯天

長官軍潰散是時　上遣内侍鄺詢往天長探事

審知是金人即時奔還礼乱軍與金人閧報交馳

而去猶未知是金人也詢既回乃知端的　上大

驚決意渡江

車駕發州渡楊子江幸潤州

上得鄺詢報不移刻出揚州都統王淵内侍康履

等數騎從過市市人指之曰官家去也俄有宫人

自大内星散而出城中大乱宰相黄潜善汪伯彦自都堂鞭馬而去軍民争諸門而出死者不可計數上製手上行次楊子橋見一親事官發言不遜上製手劒親殺之行至瓜洲鎮得小渡船即乘以渡江至西津口坐于水府廟中取劒就靴上揩血百官皆不至護衛禁兵無一卒從行者鎮江府官吏聞之知軍府事錢伯言發州兵迎請幸鎮江府少頃漸有百司人得舟南渡夜者　上宿于府治宰相從官皆議幸杭州未决而聞禁衛涕泣且籍籍相偶語　上驚命朱勝非及官軍左言傳旨問所以勝

非呼之前使言厲聲傳問皆以未見家屬爲辭即諭之曰已有旨分遣舟船專渡衛士妻孥矣衆帖然因問車駕去住利害一日聽聖旨無敢譁者乃許以俟駐蹕定當録扈從功勞優賜賞給遂皆欣諾 上問有近上宗室否時士㒟爲曹官或以名對遂召士㒟同寢天氣稍暄脱綿背心以賜士㒟

金人入揚州

揚州百姓謂 上渡江流寓人争門去而見金人遊騎到喧乃呼言我揚州有主矣遂家家備香花接拜金人入城門 上所在衆曰渡江矣金人

乃馳瓜州望江而復回官吏軍民死者數十萬先是宗廟神御國家府庫儲積及勢貴之家裝船欲渡江至瓜州潮閘水應而金人已至出閘得渡者百無一二其餘皆遭虜掠虜掠不盡者悉縱火焚燒金人屯于摘星橋下是時簽書淮南節度判官廳公事吳某權州

三朝北盟會編卷第一百二十

三朝北盟會編一百三十六之一百四十

第一百三十九卷
起建炎四年五月十三日甲寅盡六月十一日辛巳
第一百四十卷
起建炎四年六月十一日辛巳盡七月十七日丁巳

三朝北盟會編卷第一百三十六

朝散大夫充荆湖北路安撫司參議官賜緋魚袋臣徐　夢莘　編集

炎興下帙三十六

起建炎四年正月一日甲辰盡三十日癸酉

建炎四年正月甲辰朔　車駕駐蹕昌國縣

張俊敗金人于高橋　三日丙午知明州軍州事劉洪道棄城走金人陷明州

張俊雖已敗金人于高橋然心猶懼遂與李質及劉洪道俱棄城而去州人隨之爭門而出洪道已渡浮橋使人斷其橋路故州人不受渡而金人已

入城追至西門外州人多溺死金人乘勢屠明州
存者無幾明州之人是以怨張俊得小勝而棄城
遂致大禍
五日戊申車駕發昌國縣
上聞金人已陷明州昌國不可駐蹕遂行
金人陷昌國縣
金人知鑾輿已入海道乃自明州乘小鐵頭船泛
海隨潮無風至昌國縣縱火刼掠至沈家門而回
乘輿纔隔一日
七日庚戌幸章安鎮　司全張擬以所刼神御來虔

州詔隆祐皇太后乞降傳選陷郴州 岳飛屯于宜興縣

水軍統制郭吉自建康潰散屯于宜興縣時右統制岳飛與劉經屯于廣德軍種村飛令軍中不得搔擾鄉村約束雖嚴然不可禁止飛患之有將司李寅者獻計曰若移軍移宜興三面臨湖唯有一陸路極狹使一小將守之不可犯矣飛大喜遂移軍宜興吉聞飛將至已懼即命虜捉舟船盡載老小若將遁者飛先遣人投書以好語慰諭吉吉覺之急解維開船而去飛遂屯于宜興後寵榮率其衆

背吉而投飛納而用之

王德張景斬趙萬于袁州

趙萬寇袁州王德張景與戰敗之萬臨陣乞降德

斬萬而并其衆

十四日丁巳金人陷陝州李彦仙死之

李彦仙守陝州高城深池利器械積糧食鼓士氣

且戰且守人心益堅固可用又甞北渡河與金人

戰蒲解間民皆陽從虜而陰歸彦仙金人必欲下

陝州然後專力西向彦仙亦自料金人必併兵來

攻即遣人詣張浚求馬三千匹俟金人攻陝即空

城渡河北趍晉絳并汾毒其腹心金人必自救乃
自嵐石西渡河由鄜延以歸浚不從浚貽書勸彥
仙宜空城清野據險保聚俾敵人來無所掠我亦
無傷俟隙而動庶乎功可成彥仙亦不從守城之
意益堅金人自舊歲冬以重兵來攻彥仙以死守
浚取閒道遣以金幣使犒其軍又遣兵援之至長
安不得進彥仙日與金人戰將士皆未嘗觧甲金
人晝夜力攻至歲終猶未下婁宿命自正月一日
為始以一軍攻擊一日不下則歇泊次日別輪一
軍攻一日十軍輪作十日攻擊如不下次日聚十

軍併攻一日如是者凡三十三日必要破城攻擊
之法攻具畢施其不當攻具者皆背負雲梯手執
刀斧弓箭每隊以鼓在前擊鼓一聲則進行一步
既渡濠池鼓聲漸促莫不爭先疾趍併力齊登死
傷者雖滿地而不敢反顧丁巳晨有鵶鵶數萬飛
譟于城上與戰聲相亂婁宿曰城陷矣促使急攻
已而城陷彥仙出城走過河北曰吾不甘以身受
敵人之刃聞金人大縱屠掠彥仙曰金人所以殺
戮過當者以我堅守不下故也我何面目復見世
人乎遂投河而死遠近聞之者莫不歎惜之曰嘆

手烈士世皆稱其忠浚作文遣祭而哭之表其事
于朝
十五日戊午車駕駐蹕于章安鎮
上在章安鎮忽有二舟為風所飄直犯禁衛船問
之乃販柑子客也 上聞盡令買之分散禁衛軍
兵令食穰取其皮為碗是日元夕収燈之辰也乃
命貯油于柑皮中點燈隨潮退放入海中時風息
浪靜水波不動有數萬燈如浮在海上章安鎮居
人皆登金鼇峯看之
十八日張俊自明州来郭仲荀自越州來

張俊禀明州捉得金人二人至是来獻郭仲荀来

乃知李鄴獻越州矣　遺史曰呂頤浩范宗尹王

綯從車駕在海道常鬱鬱不樂游宴六鼇峯以消

憂慼

耿嗣宗敗金人于盧氏

陝州既陷金人攻盧氏縣先是李彦仙遣李嗣宗

屯于盧氏嗣宗出兵與戰金人大敗死者滿野

二十日癸亥車駕發章安鎮

上在章安鎮半月餘嘗一日登金鼇峯見壁間詩

一絶句曰牡礪灘頭一艇横夕陽高處待潮生與

君不負登臨約同向金鼇背上行　上問誰題此
詩僧對曰過往擺客　上惡之方啜茶以其餘潑
於詩上張俊郭仲荀既到　上以章安鎮不可居
甲子進發行五六十里有一小島嶼林茂盛中
有屋數間　上命泊舟與内侍數人步登岸入其
舍乃僧僚也爐香猶未煙斷而寂不見人令于林
中尋之得三僧二僧童云是台州壽聖院之下院
也上見壁間有小牓云爲金人侵犯中原伏爲
今上皇帝消災祈福祝延聖壽　上喜之賜金五
十兩三僧各賜紫衣二僧童各賜度牒披剃仍令

禮部賜頒

金人犯潭州湖南安撫使向子諲棄城走金人屠潭州

向子諲帥湖南初聞警報子諲揭牓禁止官員士庶並不得出城甲子金人寇潭州呼令開門投拜軍民皆不從請以死守城金人力擊之遂登城子諲突圍出奔城遂陷軍民猶極口罵詈力為巷戰由是滿城生靈盡遭屠戮後賜詔撫恤官吏軍民

賜潭州官吏軍民等撫恤勑書

朕惟胡虜憑陵東南震擾長驅騎壒奄及湘城方薄壘以來攻至淹辰而靡息爾等明於分義屬此

艱危雖巧說之百端終堅持於一意逮金湯之失守猶夙夜以輸忠躬履軍鋒詈之極口力爲巷戰奮以忘軀因奏牘之来陳想忠誠而嘉歎

邵興退軍虢州盧氏縣

邵興在虢州聞陝州已破李彥仙既死乃退軍于盧氏縣

二十四日丁卯虔州軍亂

隆祐皇太后既到虔州百司及官私所有之物盡散失衛軍打請唯得沙折二錢市中買物不售軍與民相爭鄉民皆喧言曰何人来壞了我州府遂

以槍刺軍士有傷者奔入所屯景德寺中被甲執器仗保所居百姓亦被甲執器仗保守坊巷有虔化縣百姓沈立等三百人與百姓相犄角司仝令甲軍出于寺後轉殺兵由是鄉兵與將兵及百姓争鬥出軍士遂縱火肆掠虔多竹屋煙焰亘天不可嚮邇鄉兵之首領陳辛率衆數萬圍虔州

太后震恐赦其罪不聽滕康劉珏楊惟忠皆坐視其亂而不能禁先是胡友范臨江軍楊琪與戰不勝遂陷臨江軍至是友以其衆復至虔州及陳辛戰于城下破之遂解圍張中彦在吉州聞難不顧

劉可為其黨所殺劉超據荊門軍
劉可者沒角牛楊進之徒黨進死其衆以可為首
轉寇汝蔡隨唐信陽之間屢與桑仲戰皆不勝為
其徒黨所殺遂推劉超為首以據荊門軍劉可劉
超所過井邑丘墟人無噍類
二十五日戊辰車駕幸温州駐蹕于江心寺
京城留守程昌禹退還蔡州
程昌禹為京城留守在京師凡四月隨行軍吏無
糧食不可留遂還蔡州上官晤權留守事
金人登楚州城不能入復退去

趙立在楚州專為戰守之備金人撻懶以數萬人圍城脩治攻具以舊歲十二月攻城之南壁立親作旗頭引衆出戰金人來占砲地立與戰郤之凡十月餘不能立砲有淮陰縣百姓左彬者為隊長部民斸壕于城下有金人勇將擐甲馳馬掠濠而過彬以刃追逐之虜將勒囬馬迎敵而彬與戰于野良久虜將去立適在城上見之問其姓名補以官使為親隨立每出戰彬必隨之屢立奇功金人凡攻四十餘日立親出戰者四五十次金人以砲連擊三敵樓而砲破之遂登城立先取生槐木斫

作鹿角以鹿角搓定城破處兩頭又下修月城以
纍之月城之中實以柴薪城之内置鎔金人無路
可入在城上立者如植城外立洞子數十皆藏兵
俟可進則進矣登城不能措手壅隘不可上爭自
月城中入立命潑金汁焚其柴薪燒死者一二百
人自是金人以不能入而退還守孫村蒲壽河大
寨時時以鐵騎數百人出沒于城下以掠取尋糧
採薪者故城中之人皆不能出而糧薪日以罄竭矣
二十七日庚午李成陷六安縣水寨
李成攻陷六安軍水寨下寨于郭界步置碓磨于

十八倉以其衆攻六安軍不克是時安豐縣土豪
孫暉統率鄉兵保守安豐塘羣寇不能攻
三十日癸酉令隨行在職事官各條具當如何措畫
及當於何處駐蹕汪藻上疏
疏曰準行在御史臺告報正月三十日三省樞密
院同奉　聖旨將來虜騎北歸或盡數過江或於
建康杭越等州留兵占據各當如何措畫及當於
何處駐蹕除已令侍從官條具外可更令隨行在
職事官各條具以聞者右臣竊惟金人爲中國患
雖五年而自　陛下即位以來　祖宗土宇日蹙

一日生靈塗炭歲甚一歲臣嘗稽之載籍自古夷狄彊盛固有之矣未聞有如今日之肆中國陵夷固有之矣未聞有如今日之極雖至微弱之邦至衰闇之主敵人臨境猶能使其國人勉彊一戰未聞以中國堂堂之大州縣所存者太半陛下英明之資勵精求治無失德於天下而犬羊長驅去巢穴萬有餘里如入無人之境至山東則破山東至淮南則破淮南至浙江則破浙江嘻笑而來飽滿而去坐令原野厭人之肉川谷流人之血宗社不絕如綫以萬乘之尊至於乘桴入海倀倀然未知

税駕之所其所以至此者何哉将帥不得其人而
陛下所以馭将帥者未得其術也今　陛下所謂
将帥者誰乎臣知之矣不過曰劉光世韓世忠張
俊王𤫊之徒是也論其官則膺節鉞之除兼兩鎮
之重視執政之班有韓琦文彦博所不敢當者其
寵可謂極矣論其家則金帛充盈所衣者錦衣所
食者玉食奢豪無所不至雖輿臺廝養皆得以功
賞補官至一軍之中使臣反多卒伍反少其志可
謂驕矣平時飛揚跋扈不循朝廷法度所至焚掠
驅虜甚於夷狄者　陛下不得而問也擁重兵居

閭處邀犒設賜賚者　陛下不得而吝也然天下之人猶謂　陛下寬之至此者防秋之時責其死力耳及敵人之來是數人者曾不能為　陛下施鏃矢之勞獨張俊明州僅能少抗若更堅守數日待虜再來乘其機會極力勦除虜必終身懲創不敢復南此則俊忠於　陛下也其利害豈直為今日計哉柰何敵未退數里間遽狼狽引軍而行也雖三尺童子知其不可以為虜性彊愎不畏其鋒猶懼屠戮況已致怨而去既不增兵益戍徒反旋軍空城以挑之是前日至小之捷乃莫大之禍也

未幾果殘明州無噍類焉是殺明州一城生靈而
陛下再有館頭之行者張俊使之也臣嘗痛念自
秋以來 陛下為宗社大計懼敵人之侵宵旰焦
勞未嘗頃刻少安以建康京口九江皆要害之地
當宿重兵故杜充守建康韓世忠守京口劉光世
守九江而以王瓊隷杜充其措置非不盡善也若
虜騎渡江杜充韓世忠王瓊并力扼其前劉光世
掩其後可使奔北不暇而世忠八九月間已掃鎮
江所儲之貲盡裝海船焚其城郭為逃遁之計其
比肩諸將聞朝廷欲倚世忠為杜充之援者無不

竊笑是世忠初無爲　陛下拒敵之心也洎杜充力戰于前世忠王瓊卒不爲用劉光世亦偃然坐視不出一兵方與韓梠朝夕飲宴賊至數拾里間不知則朝廷失建康虜犯兩浙乘輿震驚者韓世忠王瓊使之也失豫章太母播越六宮流離者劉光世使之也嗚呼諸將已負國家罪惡如此謂須少畏　陛下之威憚臺諫之言日夜皇恐席藁負鑕請罪有司謝數州生靈之死亦知尚有朝廷之法而張俊方且以萬人救獲數十人之功冒朝廷不貲之賞自明引軍至温道路雞犬爲之一空居

民聞来逃奔山 數百里間寂無人煙韓世忠逗留秀州放軍肆掠浙西為之騷然至執縛縣宰以取錢糧平江府自城而外無不被害周望僅能守其城中而已雖 陛下親御宸翰召之三四而不来元夕取民間子女張燈高會君父冒不測之險而不恤也王瓊自信州入閩所過州縣邀索動以千計公然移文曰無使枉害生靈其意果安在哉方國危急之時所恃者諸將所為如此不知何以立國臣竊憤之此事人皆知之而無為 陛下言者豈以為不急之務哉以天步艱難正藉此曹為

重而不敢言耳然臣竊有懼焉臣聞王者所以得
天下者以得民也得民者以得其心也茲者
陛下南巡可謂播遷之極矣而百姓尊君親上志
略不少衰豈非　祖宗德澤結人之深而恃
陛下為之主耶所謂為民主者乎平日取民財力以
養兵緩急之時排難解紛而使民安業也今諸將
聞敵人之來則望風遁逃反汲汲內相攻殘以為
民害車駕所過一路則一路罹其烖所過一州一
縣則一州一縣罹其烖今江淮兩浙已如此矣萬
一幸湖湘幸蜀則虜人侵其前而無人以拒官軍

殘其後而無法以繩是復爲江淮兩浙無疑矣古
者天子所臨曰幸言所過人以爲幸也豈今日之
謂哉臣恐人心一解而 陛下無所恃也恃此将
安歸乎臣又聞張俊離明之時士卒頗有顧留擊
賊者俊聲言 陛下召之臣知其說矣 陛下諸
将皆本無鬭志方無時事例先取赴行在指揮以
備警急警急則引去曰朝廷召我矣其實自欲遁
而又假上詔令以欺其欲戰之人使歸非其上及
用事之時此尤可罪臣比至黄巖聞 陛下使李
捧屯兵縣中降指揮云候金人至台州則前來温

州是諸將既欲遁而　陛下又令之使遁也夫士
驅之使鬭猶懼不前況令之使遁耶然則敵人長
驅無所忌憚者適其宜耳何足怪哉臣竊觀今日
諸將在古法皆當誅然不可盡誅也惟王瓊本隸
杜充充敗于前而瓊不救此不可赦當先斬瓊以
令天下其他以次重行貶降使以功贖過如張俊
之軍獨可賞其功將士耳所以移軍輒遁者俊也
罪亦何逃如此庶幾國威少振昔周世宗承五代
之衰將士習為驕惰河東之敗一日而斬大將樊
愛能等三十餘人然後東征西討無不如志白起

於秦可謂有功矣一不受命賜死杜郵郭元振唐
之勲臣也明皇怒軍容不整坐之纛下葢威克厥
愛允濟愛克厥威允罔功是數君者其知之矣何
則人之欲無窮恩有時而既惟吾威足以制之然
後恤焉足以為恩况此曹平時厭飫於虜掠之貲
矣用幾何錫賚而能滿其意哉如有賞而無刑是
姑息之政耳自古有能以姑息而成功者乎且漢
高祖之興所將者韓信黥布彭越也以今日諸將
之財視之何如哉所成就者布衣而取天下也以
今諸將之功視之何如哉然高祖於是數人者欲

王則王之欲誅則誅之曾不少貸此其所以為高祖也故韓信曰陛下不善將兵而善將將豈非將將者人主之職耶取今 陛下當以將為職孰視諸將悍驕如此而無以治之異時張俊集西兵而來則又靡靡相効成風矣不知生靈何時息肩國家何時興復以臣觀之今日之兵今日之將玩習至此 陛下已不得而用已不得而制矣非特無以責其至誠徇國所至人心振恐動有意外之憂有之不如無之臣愚以為虜退之後正朝廷大明賞罰再立紀綱新人耳目之時莫若擇有威望大

臣一人盡護諸將雖　陛下親軍亦聽其節制稍
稍以法裁之凡軍輙敢擅移屯以護駕爲名者主
將將佐僚屬並論如法仍使於偏裨中擇人才可
用者聞付以方面之權待其有功加以爵秩陰爲
諸將之代天下之大豈無數人將帥之材哉特爲
諸將所抑而不得伸耳若　陛下馭諸將如臣所
則虜或盡數過江或於建康杭越等州留兵占據
守亦有功戰亦有功車駕回臨安或平江徐議所
向留江浙亦可幸湖湘亦可如其不然雖大臣忠
貫白日謀臣如雨言利之臣能使錢流地上何益

於事哉譬禦飢者當用食捨食之外皆非所急也
已疾者當用醫捨醫之外皆非所急也今日所急
在於馭兵馭將其他皆非先務惟　陛下與大臣
熟議斷而行之臣愚狂瞽不知忌諱罪當萬死
遺史曰汪藻之疏可謂切中時疾矣獨不當分曹
植黨隂庇杜充之罪夫杜充以宰相統兵守大江
固金陵一旦失利乃曰罪在兵將寧有此理況杜
充未嘗出戰而藻言杜充力戰于前言不由衷豈
能勝億兆人之詛嗚呼分曹植黨今日之大弊議
論所以不公事功所以不成者蓋在此也

是月京城留守司辟牛皐充本司同統制兼南京路
提點刑獄
牛皐汝州弓手也聚衆與金人戰以戰功補官累
遷武翼大夫榮州刺史為招捉司中軍統領建炎
三年冬金人再蹂京西皐凡十餘戰皆捷加武節
大夫果州團練使至是留守司辟為同統制兼京
西南路提刑

三朝北盟會編卷第一百三十六

三朝北盟會編卷第一百三十七

炎興下帙三十七

起建炎四年二月一日甲戌盡四月十四日乙酉

二月甲戌朔責郭仲荀張思政滕康劉珏

酈瓊以其衆降于劉光世

初京城失守時閭僅以其衆奔至光州留其壻劉紹先以兵三四千屯于光州知州任詩厚遇之酈瓊以其衆寇固始四面攻擊知縣向宗輝盡力捍禦時曹官吳翼權知光州議請紹先解圍固始紹先率兵趍固始為瓊所敗紹先率其衆至城下呼

宗輝開門宗輝開門納之紹先以其衆登城用彊
弩禦瓊殺傷甚衆劉光世遣人招瓊瓊受招安圍
凡四月零二日瓊相州人崛起於兵火中尚氣敢
為衆所推服宗輝恃有功以吳翼曹官不相下翼
招宗輝至光州羅織罪送獄死初羣賊黃林犯固
始翼往招之外受招安任詩以翼有功令權通判
詩旣去翼遂權州事
楊世雄以其衆降于劉光世　傳選詣　隆祐皇大
后乞降
傳選自潰散即率衆轉入湖南刼掠厭所欲矣遂

復来降

十三日丙戌金人屠杭州退兵

金人侵入兀朮率衆追乗輿親至明州而還其在越州也兀朮乗馬往来於市中班直唐琦憤怒以石擊之不中被執罵不絶口亦罵李鄴降虜不忠被殺兀朮執鄴退還杭州將退軍庚辰歛軍于呉山七寶山遂縱火三日夜煙熖不絶癸未夜火息甲申縱兵大掠且束裝丙戌退軍以虜掠輕重不可遵陸遂由秀州平江取塘岸路行沿路屋宇無大小並縱火靡有孑遺是時餘杭縣投拜官員曽

悬已奔走得脱聞金人退去乃復来回任且衣凶服縣尉楊汝為問其故悬曰遽失恃汝為曰何不解官丁憂悬曰未聞曾官汝為唾而不語既而具申監司遂放罷服除授通判鎮江府軍民曰是餘杭縣授拜者不納又論罷之再授通判婺州亦不得赴上自此不能出仕衣冠以為媿金人在江州未退兵也有衢州軍事判官錢觀復者以衢當路衝白郡守縱民老幼出户留一丁不留與留而瘦弱不堪任罪如軍法其後軍兵欲乘時為變顧城中金帛子女無冀獲乃止

賜臨安府民兵撫恤勅書　勅臨安府民兵省本府
奏自金人攻陷府城内外民兵併力拒敵血戰五
日方始城破又縁諸縣村保防護嚴密徃徃多被
掩殺縁此怨恨臨行之日焚燒屋宇城郭一空比
之其他殘破州郡被禍尤酷實可痛惻欲望優加
撫恤事　朕惟左衽之憑陵奄及東吴之都會爾
等挺身禦敵為國忘生率其忠義之豪挫彼腥膻
之暴逮逾累日方失堅城凡分塢壁之屯皆奮兵
戈之鋭縁茲厚毒為我深仇洎賊馬之旋歸舉民
居而焚蕩靡思人怨而神怒惟務井堙而木刋言

念吾民重罹此禍眷瘡痍之未復每寤寐以興嗟
已遣守臣往宣恩意其咎從於安集以同待於承
平故茲撫恤想宜知悉春暄汝等各比好否遣書
指不多及
十四日丁亥聶淵入京師留守上官悟出奔淵以城
獻于金人
河南之地盡已陷沒西京南京金人皆屯兵唯京
師與内縣猶為國家守糧食乏絶四外皆不通民
多餓死聶淵者與其徒十十五五以食物與守
城者博易久而頗稔熟至日淵以其徒數百人夜

登城之北壁縱火焚樓櫓猶不敢下城擾攘是時城之東有夜猫兒李濆蘇大刀屯駐留守上官晤皆招入城既入城則放火劫掠不止而淵亦掘斷城擾道自守城中亂晤及副留守趙倫乃出奔晤為留守時官司命令不能行留守司名存而已劉豫以濟南府已投拜金人矣豫嘗遣使說晤令叛晤焚書斬使頃之豫又賂晤左右喬思恭宋厚俾說晤晤亦不從豫知晤不可說乃止淵遣人往南京金人軍前獻京師三月金人太大師差鎮國郎君入京師駐于朱雀門上給牌子與在京强壯不

滿萬人自此京城遂陷失晤在唐門遇董平平逼
令晤書填官告訖殺之金人得京師以前都水使
者王夔爲留守夔發公文盡招諸縣頭目人皆来
撫諭自此無盜賊淵河北簽軍首領也
十七日庚寅鼎州武陵百姓鍾相反
鍾相鼎州武陵縣人無他技能善爲誕謾自號老
爺亦稱天大聖言有神通與天通能救人疾患陰
語其徒則曰法分貴賤貧富非善法也我行法當
等貴賤均貧富持此說以動小民故環數百里間
小民無知者翕然從之備糈謁相旁午於道謂之

拜爺如是者凡二十餘年相緣此家貲鉅萬中間累曾敗露有司受賕不能盡法繩治至是金人犯潭州孔彥舟入澧州相乘人情驚擾以拒彥舟為名聚衆於是日起兵鼎澧荊南之民響應是時鼎州闕守臣湖北提刑王彥成先挈家巡歷岳州單世卿棄龍陽就家屬登舟東下僅以身免其餘官吏莫能控制寇遂猖獗焚官府城市寺觀神廟及豪右之家殺官吏儒生僧道巫醫卜祝及有讎隙之人謂賊兵為爺兒謂國典為邪法謂殺人為行法謂劫財為均平病者不許服藥死者不許行喪

唯以拜爺亂常為事人皆樂附而行之以為天理當然鼎州之武陵桃源龍陽沅江澧州澧陽安鄉石門慈利荆南之枝江松滋公安石首潭州之益陽寧鄉湘陰安化峽州之宜都岳州之華容辰州之沅陵凡十九縣皆為盜區矣

十八日辛卯金人陷秀州權知州軍事趙士鑒死之

金人陷秀州軍民共推兵馬鈐轄趙士鑒為知州士鑒出城與金人戰為其所敗士鑒死之秀州遂陷

十九日壬辰程昌禹乘蔡州南歸

程昌禹自京師退還蔡州未期月又以蔡州糧食

皆盡王命不通遂領率軍民棄蔡而南歸

二十二日乙未宣撫使周望棄其軍奔于太湖

周望以宣撫使駐于平江府聞金人已破秀州漸入吳江縣恐怖畏怯即委軍而去走入太湖

遺史曰望方出城而去也市人遮道請留為一城生靈計既不可留則極口嫚罵望聞而不顧於是市井間皆喧誦初除望簽書樞密制詞曰腹心留侯高祖肇基於有漢文武吉甫宣王復振於宗周非夫躬不世之全材何以濟中興之遠業賢者登周國其庶幾謂望何以當此

知平江府湯東野棄城走

知平江府湯東野見圍望已出即以府印授郭仲威俾權知府事遂率家屬棄城而走

二十三日丙申李成陷舒州

李成犯舒州劉文舜率兵迎戰爲賊所敗文舜盡率其衆走權知州鄭嚴亦走入山中成遂入舒州得前祕書省正字李雱雱以王命不通金人在江淅間妄生向背心遂以成爲一時之英雄投書于成請順流而據金陵號召江淅以觀天意成不從留雱於軍中成執前提刑李著見任提刑以下及

州縣官百餘員皆居于太平寺其徒有執鄭嚴而
至者成命殺之
車駕自海道歸駐蹕浙東降德音
朕自遭敵國之侵越在方隅之阻念 二聖徂征
之久懼四方荼毒之深不辭痛屈於眇躬庶或少
回於善政每辛勤而遣使惟祈和好以休兵謂旣
殫誠亦須悔禍乃狃憑陵之態專行暴篾之威跨
萬里以長驅分數塗而並進悉提群醜徑渡長江
朕惟子視於生靈何惜身臨於行陣遂下平江迎
敵之詔即爲景德親征之行誓以六軍期於一戰

會近境已成於對壘而群臣堅請於避鋒勉馭舟
師来臨海道既阻兵之理極致率土之憤盈念
祖宗涵養之恩痛社稷陵夷之耻鄉豪競奮禁旅
爭先始金陵殺獲之相當繼鄞水勦除之幾半或
驍将大誅於淮甸或奇兵邀擊於江西捷奏既騰
兇威遂屈今則移師遠去闔境皆清朕姑駐蹕
於浙東将即返兵於吴會乗中原已振之氣復
列聖無窮之基嘉與函生毋為樂國言念承平之
俗重罹蹂踐之栽妻孥隔絶於封疆肝腦靡捐於
原野禍非汝咎痛貫予心今雖幸免於干戈豈獲

盡安於田里止侯扞防之暇即除征賦之煩雖誠意之未申豈沛恩之可後宜布哀矜之惠用蘇凋瘵之民於戲曆數之在舜躬顧 朕豈堪於克紹謳吟而思漢氏賴茲可致於中興况今丕應之邇遐與我實同於休戚勉圖遠略茂對宏休

二十五日戊戌金人陷平江府

周望湯東野既已棄城而去城中無主丁酉夕火發者數處百姓驚惶乃魯班郭仲威縱火也戊戌金人寇盤門仲威遣七防禦者當之七防禦大敗退入城中金人襲之亦入城仲率威衆奔常熟縣

是夜金人縱火三日夜乃滅城中悉爲灰燼金人
雖不甚屠戮居人自赴水火而死者太半矣庚子
金人行
趙立加右武大夫徐州觀察使知楚州軍州事兼管
内安撫使淮南東路兵馬鈐轄仍兼便宜
閻勍在越州逐中朝辭日朝廷令賚告授趙立官
職差遣自是勍到楚州以告授立
金人犯荊門軍劉超率衆去
劉超方據荊門軍聞金人自江西回軍遂棄城引
衆去

趙瓊授楚州旗牓歸朝廷

先是宿遷縣水寨首領趙瓊已投拜金人楚州進士國奉卿借補成忠郎權知淮陰縣事常欲招瓊使復歸朝廷與楚州共扞禦會趙立來知楚州奉卿見其參謀陳适與語楚州事适甚喜薦于立奉卿為立謀招瓊立即令奉卿齎旗牓親往見瓊瓊授旗牓遂聽楚州節制奉卿還報立大喜加借奉卿秉義郎奉卿曰奉卿本是進士今為武官不能出戰恐悞使用乞換文資立令照學籍果然遂改借宣教郎令措置高郵軍

令二十九日壬寅郭仲荀率兵入平江府

郭仲威在常熟聞金人已行離平江府率衆復入城斸掘人家窖埋之物縱軍擾民民不堪之凡民家所有悉為仲威之黨所攘奪

三月癸卯朔陳思恭敗金人于吳江

陳思恭隸周望為統制望奔太湖思恭軍于青烏鎮金人後軍泊于吳江縣下臨太湖石岸隘狹思恭乃以兵邀之金人舟亂不整思恭獲小勝而退

孔彥舟率兵入鼎州

孔彥舟初名彥威為東平府鈐轄與知州權邦彥

不協彥威與一宗女私通事露邦彥欲按發之彥威遂衆去邦彥追及彥威射中邦彥乃還彥威遂改名彥舟聚衆漸盛轉至京南又渡江據澧州彥舟出兵攻討常不勝鍾相反于武陵也常輕視彥舟是時鼎州地守孤危官吏軍民勢不獲已遂迎請彥舟入城以拒相彥舟許之方離澧州而吳公即陷澧州殺知州黄琮以下官屬十數員彥舟前軍三月癸卯入鼎州即縱殺官吏軍民占用官私倉庫劫掠民財焉

盧益權知三省樞密院李回權同知三省樞密院往

從衛　隆祐皇后

初　上在濟州　隆祐太后遣李回往勸進　上
即位除回延康殿學士知洪州臣僚言其靖康間
守黃河棄軍而走且受張邦昌僞命爲尚書右丞
遂責吉州安置至范宗尹薦其才乃召爲權同知
三省樞密院往虔州迎　隆祐太后

肆赦州縣

先是　上幸海道知浙西江東西淮東西湖南北
諸州皆命令不通亦不知翠端華的所在及赦到
知駐蹕浙東無不欣喜

知江州權邦彦爲江淮荆浙發運使

吴价及金人戰于白雞敗績

先是陝州既陷金人長驅關中曲端遣吴价屯于彭店原端自擁大兵次邠慶間以策玠玠與金人戰勝負未决而端退走自邠至涇止玠大罵端由是二人有隙金人雖勝玠以端全軍退去且入夏遂復還河東

盧益辛企宗潘永思赴虔州迎隆祐皇太后

十日壬子金人陷常州

金人取常州路經過不住若奔于呂城官吏禁其

閘斷其叛放練湖水使乾則金人舟船皆不可行
惜乎官吏奔竄而閘猶儼然故金人長驅而無阻
礙也
車駕幸處州
呂頤浩以金人退兵請還幸越州遂幸處州
劉綱攻趙瓊水寨
節制泗州劉綱以宿遷縣趙瓊水寨投拜金人遂
遣人攻之瓊曰我為人逼脅勢孤援寡權為老小
之計不得已而投拜今楚州趙安撫遣國奉納賫
旗牓來即時受之已聽楚州節制復歸朝廷矣公

其察之不從兵攻寨瓊出民兵禦退之
二十六日戊辰孔彥舟擊鍾相敗之擒相
孔彥舟在鼎州日與鍾相交戰勝負相當彥舟詐遣人投相謂之入法相受之不疑戊辰彥舟遣人襲擊相寨所遣入法之人為内應相遂大敗攜妻子竄入山谷為村人范顏所擒而胡壽得之獻于彥舟彥舟乃造法物儀仗張大其攻欲解赴朝廷至攸縣曾龍圖殺相所造法物亦散失
四月壬申朔　車駕幸越州
尚書左僕射呂頤浩罷授鎮南軍節度使開府儀同

三司中太一宮使
車駕幸越州御史中丞趙鼎言呂頤浩之謬以使
相宮使罷左僕射從優禮也
制曰門下獨化鈞陶之上嘗首備於弼諧閔勞官
職之煩宜特加於崇獎惟時上宰實我元勲茲祈
解於近司爰寵肦於殊渥誕揚大號敷告群工具
官某心術疏通性資明鋭運籌泉湧獨當天下之
危機游刃風生能斷朝廷之大事昨屬艱難之運
尤輸經濟之忠冒險直前服勤無斁取虞淵之日
重正乾坤問襄野之塗卒安宗社顧在朝廷之莫

及方當宁以仰成而寖懷偏見之私殊失大臣之
體占更負而有虧銓法專兵柄而幾廢樞庭下吳
門之詔則慮失於先時請浙右之行則力違於衆
議既人言之荐至於物望以靡諧屢騰引去之章
莫副挽留之意念有銘書之偉績難從策免之常
規乃峻彝章務全體貌植牙建纛總節制於雄藩
執璧面槐視班聯於上衮假以真祠之佚從其私
計之安皆儒臣希有之榮蓋邦國久虛之與 朕
為無歉汝亦終於戲險夷一心非忠誠孰能至此
進退二道惟明哲足以盡之矧兼將相之崇靡鈌

君臣之遇毋云去位不我告猷
張俊爲兩浙西路江南東路制置使
金人在建康韓世忠屯兵江上屢騰捷奏乃遣張
俊爲兩浙西路江南東路制置使節浙西軍馬策
應世忠俊雖受命未進發人皆切齒
十四日乙酉潰軍戚方攻宣州
戚方勇悍善射初投爲教駿兵士軍興盜賊起在
九朶花徒黨行伍中未知名方殺其爲首人遂率
衆歸建康投充用爲准備將留在帳前建康失利
諸軍皆散方走至金壇界與建康統制扈成相遇

方欲奪成軍乃謀殺成成遂伏衆于篠中皆執長搶令曰詹統制過則殺之俄而成果至伏發以長搶刺成成死統領龐榮率其衆聞岳飛在宜興乃以其衆歸飛飛以榮為左軍統制方率衆入常州為劉宴所敗乃犯宜州知州李光遣兵馬監押呂執中齎書招之方佯受書實欲攻城也執中覺其僞詐僅得脱歸有衙前石振者為方所執問以城中虚實振有從賊之心乃悉以虚實告且具言城中之方隅可擊者不可擊者方用振之說鼓行而前是日犯城下先自決守城之計乃命城外居人盡

遷入城應寺院及人家與空閑官舍任便居住是
時有建康潰散班直百餘人無所歸光留于城中
光因以其主首王逸爲都統制令見任及寄居官
分守城壁僧道居民皆執仗登城措置甚有法方
攻賊不克光以知州衙儀登城北壁令一吏詐作
知州招方打話云戚統制爾部曲皆是官軍豈非
念國家艱難之際何苦欲攻此城爲盜賊乎方曰
方不敢犯撓朝廷但緣士卒皆饑不免尋覔糧食
耳又曰我與汝糧食幷銀絹犒設如何方曰若蒙
犒軍即便引退於是光乃遺以米肉幷銀絹甚厚

方雖受之而意猶徐徐睥睨不已王逸曰賊非退也且未可解嚴更當謹備方果伐木作攻具復攻城城中皆禦退之矢如注雨城中貧户方能汲是時諸邑民兵皆聚城中寧國民兵尤麄壯有膂力以手砲擊石賊甚苦之

王德執劉文舜于饒州殺之

王德欲迎隆祐太后于虔州次吉水會妖賊王念經反于信州之貴溪縣命德討之德道出鄱陽劉文舜在舒州遭李成之敗方寇饒州圍城急知州連南夫以

蠟書請德解圍德引兵至城下壓賊壘而陣文舜
虓氣悉舍兵請念德僞許其降誘文舜及其次卲
譚表闍索等入城執而誅之
劉位攻趙瓊寨敗績
先是劉綱遣人攻趙瓊寨不克綱怒請兵于位位
遣人攻瓊楚州趙立曰趙瓊以受旗榜聽我節制
義當救之立出兵爲援與戰敗之位兵退走

三朝北盟會編卷第一百三十七

三朝北盟會編卷第一百三十八

炎興下帙三十八

起建炎四年四月二十四日乙未盡五月十三日甲寅

二十四日乙未韓世忠敗金人于建康府江中捷奏至除世忠檢校少師改武成感德節度使

制曰門下朕遭百六艱危之會賴二三梟俊之臣蹶推轂而遣將軍守境旣騰於戎捷歌出車而勞還卒疇勲敢廢於邦彝爰錫賚書用孚羣聽具官某勇聞天下氣蓋關中堂堂將種之英凜凜軍鋒之寇行已恭而事上謹蚤眼周行臨機果而料

敵明屢楊偉績昨屬交侵之警俾屯要害之區蕃鋭以須鼓儳而擊縱精兵於數路若珠走盤擠醜虜於長江如杵投臼坐以中堅之壁成茲南紀之安威行而海內息肩師勝而國人屬目是用兼隆徽數特表膚功出擁齋旄易兩鎮提封之大入乘夏篆視三孤絕等之崇申衍釆封陪御名井賦以永折常之載以昭帷幄之成於戲武能威敵者師師之榮賞不踰時者人君之信惟忠力可以任安危之重惟謙沖可以保富貴之終勉圖而休毋廢朕命可特授起復檢校少師武成感德軍節度使

遺史曰初江上防秋韓世忠屯于鎮江府及建康失守世忠退軍于江陰軍迤邐至平江府秀州至是世忠聚集舟船擺布于江中以扼金人歸路時邵青以舟船在蕪湖往来于建康竹篠港世忠使人招青青授招安而不以會乃曰我方為賊其下皆窮恐不為用故不可動也是役也世忠敗金人于江中奏捷至行在除世忠檢校少師改武成感德軍節度使制詞有司屯兵要害邀擊其師大振軍聲殺獲過當犬羊震疊知國有人

二十五日丙申韓世忠與兀朮再戰于江中為兀朮

所敗孫世詢嚴永吉皆戰死
金人在建康韓世忠以海船拒于江中乘風使篷
往来如飛兀朮謂將軍曰使船如使馬何以破之
韓常曰雖然見申軍則自遁矣兀朮令常以舟師
多浞常見兀朮伏地請死兀朮貸之乃揭牓立賞
許之獻所以破海船之策有福州百姓王人僑
居建康開米鋪為生見牓有希賞之心乃教兀朮
於舟中載土以平板鋪之穴船板以擢槳俟無風
則出江有風則不出海船無風不可動也以火箭
射其篛篷則不攻自破矣兀朮信之一夜造火箭

成以戊申出江淮槳行舟其疾如風天霽無風麗
日赫天海船皆不能動金人以火箭射蓬則火起
世忠海船本備水陸之戰人皆全裝馬皆鐵面皮
甲每船有兵有馬有老小有糧食有輕重無風不
能行火烘日曝人亂而呼馬驚而嘶被焚與墮江
者不可勝計遠望江中層層皆火火船蔽江而下
金人鼓櫂以輕舟追襲之金鼓之聲震動天地世
忠皆敗孫世詢嚴永吉皆力戰而死死朮既敗欲
之建康府謀北歸爲世忠海船拒于江中不得去
或獻謀于金人曰江水方漲宜於蘆陽地開掘新

河二十餘里上接江口舟出江背在世忠之上流
矣兀朮信之乃命掘河一夜河成次日早出舟世
忠大驚金人悉趍建康世忠尾襲之而已初長蘆
崇福禪院行者普倫普贇普璉結集行者及强壯
百姓千餘人分為三隊在揚家洲上自相守保世
忠嘗約普倫等為策應至是普倫普璉普贇率其
衆千餘人駕小舟千餘艘皆褁紅巾立紅幟来策
應至長蘆遇世忠海船狼狽而来金人至長蘆亦
回世忠與餘兵至瓜步棄舟而陸奔還鎮江聚兵
沿江避兵之人往往取其舟中糧食或有得銀絹

錢物者　姓氏録忠義傳曰孫世詢字諮道開封
府人也有勇力善騎射少時曾蹈之薦之梁方平
隨軍屢立功後從韓世忠爲前軍統制與大金戰
應天府河東府皆稱其勇苗傅劉正彦反軍臨平
鎮世忠来勤王世詢爲先鋒與賊戰大敗之故傅
正彦走從世忠追襲至建州浦城縣大戰破之殺
賊兵萬級統制馬彦溥趙竭忠趙揭節皆戰死世
詢臨陣遂擒正彦加觀察使及大金兀术渡江復
自建康回世詢隨世忠及兀术戰建康門外大敗
之次日再戰江中無風世忠軍皆海舟不能行大

金竟以小舟来縱火世忠軍敗世詢及嚴永吉皆
力戰而死
張進及梁斌自虜寨脱歸
先是張俊命選鋒正將梁斌副將張俊屯諸暨縣
縣金人陷越州斌與進投拜　上還越州也進得
脱復聚衆得二百餘人歸還行在叙其功以贖投
拜之罪又言梁斌不肯歸朝廷已併殺之旣殺斌
然後乃能歸朝耳又數日斌以衆三百餘人還朝
廷亦待之如初仍不問張進之詐斌後爲策選鋒
軍統制

牛臯敗金人于定村擒其馬五太師
金人犯江西者回軍北歸牛臯潛軍于寶豊之宋
村衝其中堅殺傷甚衆生擒馬五太師招捉司加
臯武功大夫和州防禦使爲五軍都統制
汪藻奏論金人留建康乞分張俊軍馬策應
其狀曰右臣昨自三月末得之傳聞云金人在建
康築城爲度夏計臣雖幸其不然然心竊憂之以
爲中國困於腥膻而得少休息者正頼其不能耐
熱故常以寒方至未暑先歸吾於半年間汲汲措
畫猶每歲奔命不暇今若縱其度夏則長爲巢穴

羣盜亦将視我緩急以為向背國家果有力能使
之退聽屛息乎況又有意外之憂所難言者不得
不慮臣愚以為此事所係非細廟堂若救焚拯
溺然朝夕在念及五六月間我師便利之時會諸
将與韓世忠一舉掃除非特去目前之患将使懲
創終身不敢復南其利害豈不相萬哉雖聞近遣
張俊提兵過江節制浙西人馬迤邐前去以為策
應此固　陛下長筭也不知張俊果能為　陛下
有慨然立功之意乎臣愚欲乞專差得力使臣數
人齎　陛下宸翰星夜兼程自襄鄧荊湖以来迎

張俊軍令分數萬人順流而下仍於上流自計置糧斛載以自隨彼張俊軍既皆新人必親銳可用且敵人見上流之師突然而至莫知其數必破膽奔潰此制虜一奇也如其不然八九月間氣候稍涼彼得時也幾會一失雖悔何追伏望睿慈不以臣言爲愚輕此賊忽此事特加采納不勝幸甚

五月七日戊申濠州土豪王惟忠棄韭山寨率衆歸于節制使劉位

王惟忠濠州鍾離縣農家也字移孝丱角有立志兄弟三人惟忠最幼每經行於市人皆不語以俟

其過故人號為靜衛三郎軍興上有詔許民自保惟忠乃據韭山為寨與鄉人共守韭山有洞可容老小數千惟忠屢與張文孝史康民戰金人以孫興來知濠州管屬縣鎮皆聽興偽命而用天會年號興遣人招惟忠惟忠獨不從至是惟忠率衆棄韭山寨歸于招信縣劉位位令惟忠為左軍統領官韭山寨壘石為城周匝四里又作大寨七里環繞之戰禦之具稍備民之願来依者凡萬餘人惟忠選強壯充兵韭山之勢巍然而立外有餘羣山環繞之山有泉涌出泉下有洞衆悉注焉洞雖

不大然不論水之多寡或連雨會羣山之水湊於其中而洞能容之俗呼為歸水洞儻無此洞則山泉與雨水皆為羣山所壅不得泄寨在山之頂萬人居焉常苦無水以給食惟忠患之乃視歸水洞而謀曰若塞此洞不唯可得水以給食且水勢縈回於山曲亦可視以為險也然此洞雖小能容無涯之水豈非有神物以主之乎萬人方待水而食所繫不輕吾將盡誠心禱之于神權塞此洞借水以給衆若神而有靈必陰佑於我乃與進士戴德夫謀禱塞洞之方德夫以惟忠之意朱書鐵為板

以清酌祭神擲飯於洞遂實之以土石聞知者皆相視而笑以謂兒戲也既而數人之力告勞而洞已塞矣人皆大駭及惟忠既去歸水洞復陷如初十日辛亥直龍圖閣劉晏與戚方戰于宣州城下被殺戚方圍宣州知州李光乞援于朝詔劉晏解圍宣州以觀察使巨師古爲之副晏受命即日就道師古以兵繼之初晏在常州駐軍方率衆自西門突入欲作過晏自城中殺出之至是晏始到城下未安營壘乘賊不意自城南轉城西直趍城北以擣方之帳方大驚賊走晏恃勇欲生致方乃單騎

追之賊見官軍不多乃自駱駝山後設伏以斷其路方率親隨迎戰晏單騎力不能敵退還至天寧寺前隔小溝是時暑雨方漲馬陷于淖不可出橋左有伏賊以鈎槍搭晏晏猶手刃殺數十人以無援而被害晏死數日師古兵到城下光具聞于朝上憫悼之贈晏龍圖閣待制官其四子仍令即死所立廟牓曰義烈歲時祀之　中興姓氏忠義錄曰劉晏燕山府人也建炎二年隨劉正彥掌赤心隊降于丁進有功正彥敗晏降于韓世忠累遷直龍圖閣四年戚方反常州適晏兵至擊方大敗之

走寇宣州知軍事李光固守其城晏追方至宣州
大敗方解其圍方敗走晏追擊之不勝力戰而死
時稱其忠勇立廟于常州
十一日壬子金人焚掠建康府執江東安撫使陳邦
光渡江而去
金人焚燒建康府虜掠人民劫奪財物出建康府
城靜安渡宣化而去兀朮屯于六合縣舟船入自
瓜步口尾尾相銜擺泊至六合不斷建康城中悉
為灰燼矣金人已離渡淮東無警安撫直寶文閣
閣張稹尚守揚州招信劉位以節制之職聚衆在

橫山帖然無一事軍中唯飲食賭博而已先是知
真州向子忞措置欲移治楊家洲而楊子六合之
民願保方山子忞棄真州金人據建康府大兵入
二浙猶有游騎往于淮南大抵自滁河之西皆為
遊騎所擾而不過滁河之東金人既渡江北占六
合於是真州為群賊所擾已不可居王冠率軍兵
共守方山後渡江駐于溧水溧陽之間金人又戰
真而揚州亦不可守張積乃棄揚州金人據建康
半年餘江寧鎮采石至和州道路往来不絶和州
亦留兵戍守雜以婦人戴頭巾着軍號執兵器巡

防城壁然無一事軍乘虛到城下與之爲敵者唯邵青竹篠港探知建康城中金人不多且兀朮等皆在浙東建康有可克之理是時青見有殺牛者牛拒力甚青取搶刺其洞其肋而牛用角斡青中股青方病瘡不能行乃遣其次姓馬者率衆往収復建康既至水門暴雨雹雷大作不克入而遂退青殺之遷單德忠爲次又有都團陳德結衆欲殺金人部勒已定前期爲朱都團所告德全家被害及兵馬都監金沔死之金人圍建康也守南門番官稱萬户者常諭居民願往採薪者給牌子前去

居民皆不從及被殺戮之餘方悟此萬户之言乃
陰欲保護居民使出城求生也
十三日甲寅戚方攻宣州不克退去宣州解嚴
戚方圍宣州遇劉晏直擣其中又巨師古到及方
戰于城北方三戰三敗遂引去宣州受圍凡二十
九日受圍之初光妻管氏病癱甚苦至解嚴管氏
皆不知人皆以爲大抵守城之法先要財物豐備
是時府庫財物盈滿而大富人皆出銀錢爲犒設
故賊人積攻具以至積草積柴之類皆多以錢帛
募死士燒之而人亦願盡死力如城北木塔寺有

木塔下瞰城中虛實當先除去而賊守甚嚴乃募
人負草實其塔然後縱火令方下即有應募者是
夜果有草實其塔内縱火火爲塔所束如火柱衝
天觀之雖可畏而人心則甚喜州作解嚴會隨功
高下以金盃勸酒就賞其盃初方以宣州城爲龜
形當以真武法以穰之乃令攻城人多髮髮用紅
帛帕首方既退去城之東壁摧壞者數十丈
岳飛殺劉涇併其軍
先是岳飛與劉經合軍屯戍宜興飛領兵往建康
劫金人于靖安得勝回軍溧陽縣得經軍將官王

萬報經欲殺飛母及妻而併其軍飛大驚即令姚政往圖之政夜行抵宜興以飛母命傳語經適得家書請略訪來議事經不虞其謀入其室則有楊某者伏于壁間遂殺經少刻飛到撫其衆

史康民及金人戰于定遠縣軍敗吕勍被執而去

史康民濮州人也初起于京東因迎神社會有繖扇撾劍之類從物籍以為資遂擁衆乱聚衆漸盛乏糧食殺人食之號為餓蝨子轉至淮南往來于濠泗間張文孝在其中軍謂之張鈐轄文孝用扈鵝及李徽猷計遂背康民殺康民父母自為一軍

先是呂劭在越州除淮南等路招撫節制使至崇
德縣聞金人已犯錢塘劭到平江招兵得數百人
又聞金人在建康乃取江陰軍路渡入柴墟鎮至
楚州見趙立立方措置楚州就以上命授立右武
大夫徐州觀察使知楚州軍州事兼管内安撫使
淮南東路兵馬鈐轄之告劭至泗州而文孝在泗
州出迎劭參拜且曰聞太尉將到專來參迎劭甚
喜劭與文孝至招信劉位發兵禦之于境文孝戰
不勝劭與文孝往濠州界下寨于黄連埠文孝名
爲迎劭實挾劭也是時康民屯于韭山文孝往攻

濠州康民乘虚掩黄連埠破其寨取勍及同行劉
彛臣等一行歸定遠殺李徽猷得扈鷄至定遠臠
割刳其心以祭其父母康民以拜彛臣以謝殺扈
鷄雪父母之讎金人周太師聞康民得勍屯于定
遠也乃會亳州大太師兵渡渦口甲寅周太師入
自西門康民出兵迎敵大敗而回大太師已自北
門入執勍而去是役也康民幾死趙宏救之得免
次日康民議追金人奪勍聞康民渡渦口矣宏相
州湯陰縣弓手也時人謂之趙之鬍初勍迎奉神
御起離西京也於岳飛處借使臣十人而宏其一

也循蔡河而下至渺渺遇張用勍說用歸朝廷以
馬皐之妻一丈青嫁用爲妻初皐爲郭仲荀所誅
勍周卹之以爲義女既嫁用遂爲中軍統領有二
認旗在馬前題曰關西貞烈女護國馬夫人劉舜
臣者用之參議官用俾隨勍以行故舜臣在勍軍
勍在南京金人欲降之不可欲以爲京東安撫使
不可乃被害
姓氏錄忠義傳曰閻勍有膂力善騎射少以班直
補官靖康初累遷主管步軍司公事上南幸揚
州勍留守京師建炎三年京師留守宗澤命勍軍

河南府會合王彥楊進丁進等兵六十萬欲渡河
迎請 二帝會綦卒而止三年同杜充上表請
上還闕以圖中原俄京城絶粮杜充赴行在勍亦
領兵數十至淮南金人方南侵以節制淮南等路
軍馬往拒之四年軍濠州定遠縣與金人戰不勝
被執令同招張文孝攻濠州史康民乘虚襲文孝
敗之勍被虜後金人又攻康民於廬州勍同康民
與戰敗績復被執勍置金人不屈而死紹興元年
贈檢校少保節度十七年謚壯節
劉超據荆南

劉超據荆南分衆犯峽州先是張浚以宣撫使往川峽也經由郢州留小潘防禦一軍于郢州小潘防禦為部下彭筠所殺筠乃與超合超遣筠犯復州凡所經過井邑丘墟人無噍類於是超欲取鼎澧以窺胡南二廣

劉位攻趙瓊寨

劉位遣人攻趙瓊寨趙位出兵欲卻之位大怒遂率兵攻瓊立復出兵為援且以檄告位大略言瓊已聽當使節制為朝廷守宿遷水寨當使乃淮南東路兵馬鈐轄泗州之兵皆合聽節制位乃止

三朝北盟會編卷第一百三十八

三朝北盟會編卷第一百三十九

炎興下帙三十九

起建炎四年五月十三日甲寅盡六月十一日辛巳

范宗尹爲尚書右僕射同中書門下平章事張守參知政事

范宗尹辭免不允批答

朕履國家之否運思得天下之奇材以卿粤從布衣早有人望屢擊權臣於方用未甞奸利以徼名每陳治道之可行無不會文而切理泊參於大政尤灼見於所存一意盡公群倫皆理乃付巨川之

濟用符巖石之瞻制詔一頒搢紳相慶佇卿行志
知國有人謂當承命以周旋猶復抗章而遜避惟
此舉而國無陋矣今何時而卿辭位乎勉究良圖
毋庸再請

再辭免批答　朕惟治亂兩塗未有
不由於用相君臣一德相逢鮮值於同時卿識
邃而才全謀深而器遠學古人之至要言天下之
大公簡於　朕心非止今日故擢司風憲升預政
機將觀所長不次而用而卿性資天至議論日新
言其重厚則如倚太山而坐平原語其疏通則若
駕輕車而就熟路乃希大號任之不疑卿當國群

策以兼收念寸陰之可惜立規摹於素定應機會於方來輔成再造之基同享無疆之福此則盡卿致主之術而成　朕知人之明也亟上封章百辭奚益所請宜不允仍斷來章

遺史曰范宗尹拜右僕射張守除參知政事宗尹具辭免賜詔不允仍斷來章汪藻行詞曰言其重厚則如倚太山而坐平原語其疏通用若駕輕車而就熟路乃布大號任之不疑宗尹讀之喜宗尹謂守曰今日之勢正如人之疾病沉痼方篤稍施駃藥立有顛仆之勢要使施設有序勿遷勿亟當

相與戮力啓沃上前廣開言路揀拔賢材除剔緇蠹節抑財用以至惜名器損僥倖斥豪右左右彌縫庶乎其可也

張用寇淮西

張用自京西往東京轉南京界自郴子蘄陽趍壽春至㪷城縣遂屯中軍其餘諸軍皆分屯四布是時金人方退建康渡江北和州以東金人往来野無所掠乃採草木但葉青而嫩者以火煑之搊去青水不問有毒與無毒但能咀嚼者悉食之以至動活之物不論飛走與蠕動得即啗之人皆困乏

改御前五軍爲神武五軍御營五軍爲神武副五軍

崔增陷焦湖水寨

崔增磁州人隸閻瑾軍爲將守泗州浮橋瑾棄泗州諸軍潰散增往壽春界刧中祝慱士寨併其軍自濠州轉往巢縣攻焦湖水寨增得小舟數隻直擣其寨寨有舟四五十皆淮西富商大賈及上户富民初来曾經兵火不能迎拒盡爲增所有虜掠金銀財貨子女之餘選壮充軍

孫興退濠州将校朱式率軍民請兵馬都李价權知軍州事

金人自建康渡江而北也壽春府軍周太師招孫興等還壽春官吏居民皆送于西門之外勸酒酌別興與滕郎中及所部兵盡行唯留僞通判陳浩然在州興携二妓毛馬女揚蘇兒去以金價償其家自餘無豪髮之擾興在濠州凡半年及既去將校朱式率軍民請軍馬都監李玠權管軍州事玠用司戶參軍江洵武謀囚捉拜官張宗望及僞通判陳浩然于獄遂復用建炎四年年號玠以洵武權通判軍州事以小溪巡檢魏進權兵馬都監

六月二日壬申劉光世來朝

七日丁丑劉位敗張文孝克滁州
劉位屯于横山張文孝占滁州位以兵收復滁州
丁丑至滁州文孝退走遂復滁州
八日戊寅劉位及張文孝戰于滁州被殺
劉位既得滁州即以其屬李頡爲司法參軍是夜
與頡同宿于子城中頡夢城中州屋舍盡倒既覺
以爲不詳拂旦文孝以其衆至城下位所引兵迎
戰位縱兵衆數百以爲己之兵也乃指麾殺賊而
所逢者賊兵也位覺之欲急戰爲賊所殺權知州
苟某權知青流縣梅俊迪權知流縣丞張恪非等

州縣官皆散走朝廷聞之即其地立廟榜曰剛烈
十一日辛巳趙立出兵攻撻懶于孫村浦
撻懶以大軍下寨于壽河去淮河孫村浦兩舍乃
南北咽喉之路又作寨于孫村浦以守之趙立起
宿遷縣趙瓊水寨民兵于城中辛巳親率親隨百
餘人取孫村浦寨遣統制王彦忠以兵數百防壽
河之救兵金人自壽河寨日遣三二百騎往来于
孫村浦往来州出兵急遣鐵騎来救之爲彦忠所
扼不得進立亦聞之人以鐵騎來故不免攻而退
彦忠亦歸

呂頤浩爲建康府路大安撫使兼知池州朱勝非爲江州路安撫大使兼知江州劉光世爲兩浙西路安撫大使兼知鎮江府

周望責授昭化軍節度副使連州安置

周望以同知樞密爲宣撫使棄其軍而奔太湖也以宣撫使印弃太湖中金人已退募漁人入水求得之以宣撫使職弭節湖州殿中侍御史沈與求言其權重兵於吴門不能扞蔽脱身先遁以致連城陷没與諸郡以城降賊並緣爲姦掠取民財等事乞正典法遂責授節度副使連州安置

陳規德安府漢陽軍鎮撫使兼知德安府

陳規字元則沂州人以明法補官靖康初轉通直郎知德安府之安陸縣金人陷都城規率兵數百勤王半道兵潰而反會郡守及僚屬弃城出奔惟規獨留不去衆遂推規攝府事規乃聚兵積糧脩城以守賊王在党忠相繼來寇皆敗而去遷朝奉大夫直龍圖閣李彥義犯城規與戰頻克會孝忠為將張世所殺降于喬仲福數月揚進来攻不能下而退范宗尹為相分鎮以規為德安府漢陽軍鎮撫使兼知德安府趙延壽詐来寇規擊破其衆

累加龍圖閣待制召赴行在在州八年屢破賊衆中原郡縣皆失守惟德安一城獨存識者偉其能然嚴刑重歛頗失民心　規有朝野僉言後序曰規守順昌日得靖康朝野僉言具載金人攻城始末反覆規熟讀痛心疾首不覺涕零嗟我國家不幸有如此悲失世之治亂國之強弱雖曰在天有數未有不因人事得失之所致也楊雄所謂天非人不因人非天不成靖康京城之難若非人事之失則天亦不得而為災若非天欲降災則人事亦無此失規不揆至愚竊觀金人攻陷京城朝廷大

臣守禦將帥掩設應敵捍禦攻城之失與夫管見
郤敵之策論列而序言之朝廷再援太原大臣以
謂中國勢弱夷狄方強用兵無害益割三鎮以賂
之殊不知勢之強弱在人為我之計勝彼則強不
勝彼則弱若用兵何術以壯中國之勢是夷狄之
強用之則有弱有強不用則中止於弱而已強者
復弱弱者復強強弱之勢自古無定惟在用兵之
如何耳、河東安撫使統兵十七萬以援太原又招
河東義勇禁兵五萬共兵二十二萬尋皆敗績致
太原陷於虜非兵不多蓋用兵之失也其所以失

者兵二十萬二直前而行先鋒遇敵者有幾一不勝而却自後者大兵皆却是宜乎不能援也有識者觀之不待已敗而後知其不能援也豈不知攻城者分攻城兵備戰士運糧兵把援兵若兵不多兵必不久而速退又不待其援也假使當時往援者將良得計雖無兵二十萬只十萬亦可必援又無十萬只五萬亦可又　為之援也又不五萬至其下亦有可援之理且以五萬兵為率若止分為五十將留十將護衛大將兼備策應内分三兩隊作諸振援兵前廣張兵勢牽制把援之兵以二十

将分地深入虜境綿亘可布三五十里不知虜兵多少便能盡害以二十将周圍行偏僻小路尋鄉導多遣遠探向前設伏伺望敵人打糧出兵多則退之少則擒之但絶其糧道必不深入直抵城下其賊自退又且兵既分遣則人力並用假令數将失利則大兵必不致於一齊敗衂潰散為盜京城之難其源在於援太原之失利也粘罕攻太原之壽陽壽陽城小而百姓死守凡三攻殘虜之衆萬人而竟不拔此必守城中有善為守禦之策者僉言以為城小而百姓死守者非也攻城者有生有

死而善守者有生無死壽陽之人可謂善守。而不得謂之死守又域云城小而堅者亦非也若非小矢石交通善守者亦難以設險施策規以為城愈大而守愈易分段數作限隔則易守若已守先策定險設使伏賊欲登城縱令登城已登即死賊欲入城引之入城已入即死令夫百里之城内有數步之城賊人登之守城之人、便自甘心伏其拔城、乞命於賊者非攻之善乃守之不善也九月按砲於封丘門外大砲數百座皆在門外賊至不收遂令金人所得咸為攻城之具規以為城破亦不在

此有善守者假使更賫砲數百座亦必無害在於
禦砲之術善不善也統制官辛康宗以賊去城遠
止兵不得放箭此言善也百姓鼓衆擊死已見其
因亂素治之術失也賊先採濕木偏洞屋以新牛
皮蓋其上載之令人運土木填壕以進攻械守城
人若得計則城内先施砲碎之亦可用單梢砲放
遠至二百五十步外者蓋州郡舊有朝廷所降守
禦冊定格單梢砲上等遠至二百七十步中步二
百六十步下等二百五十步不知京城留時倉卒
之際用與不用此格若人不究心則下等二百五

十步亦莫能及若能究心則二百七十步過之甚易又有小砲禦近衆其小砲每十人已上不過十五人施致一座亦可以到數十步外不謂小砲不能害物人中四肢則四肢必傷中腰已上則人必死中馬亦然又況大砲每放一砲小砲可放數砲兼小砲不必用石以重三四斤泥元為之泥元之利亦慱不獨放時易得無窮放去人人必傷死若要摧毀攻械則須用大砲及石金人攻守用大砲蓋欲摧毀城樓守城欲摧毀敵人攻械大砲與小砲遠砲齊用縱城在城在外伐木為對樓雲梯火

車等攻械可以砲盡金人廣列礌石砲座尋碑石磨蓋石羊虎為砲欲攻之所列砲座百餘飛石如雨擊守城之卒死傷亦不下一二十人此非攻城之能蓋守禦官一時之失計耳茍守禦官得計止令卒近汝頭墻坐城外砲來高則於汝頭墻上過低則打中汝頭擊砲在外無緣中人一卒不至於死傷又豈有死傷日不下一二千人者及惟汝頭墻稍加高厚則全安堵矣又須用造高木一丈長一丈濶一丈上下外直裏斜外竅裏稀洞子外竅處以大麻繩横編如竹笆相似以備砲石衆多攻壞

女頭即於兩邊連進洞子向前以代女頭若此則
砲石縱大至多亦無能損壞間有損者即逐旋抽
換假令止如此捍禦則砲石亦何能害人已可必
得無虞也則以雲梯對樓攻東水門其間捍禦有
設重樓獲勝者固甚善也又恐人在車樓之上愈
招石矢又攻宋門守禦官以亦禦對樓雲梯至每
以木衝倒仆死者無數此亦奇策然持撞木人與
對樓上人相對不免互相亦非全勝金人填壕橋
成五對樓過壕攻城下列砲二百餘所七稍砲可
施五十斤石能散星砲每座可施砲石數塊砲石

並發又以強弩千餘助之城上矢石如雨使守禦
不能存立然後推對樓使登城每對樓上載兵八
十人一對樓得城則引衆兵上此金人攻城之方
也其大砲數多矢石齊發只前説女頭墻次備以
洞子皆可以隔盡對樓登城每一對樓果能載兵
八十人樓上廣不過二丈當立得幾人與守城人
接敵者不過十數人而已假令八十人盡角力設
施五對樓止四百人止外必無使兵亦無奇兵樓
高須及五丈乘高而已其跡亦自危甚自履危地
来與城上　城人接戰勝負人人可以自决若守

城者如法此不勝則交戰於平田廣野之地不知其敗其何況對樓於填軍壕上惟可以直退必不能於城下橫行假使有千對樓所占地步數亦不多不獨接戰可以必勝縱兵上城獲全者術亦多矣不思則亦多矣賊用雲梯上要登城每坐雲梯須十餘人可以負荷到城禦之亦難向前來縱不禦之使賊倚城登梯上至城頭少不能死者何以致之於死女頭墻裏雀臺上靠墻頭排杈木每空闊三四寸一根通度槍刀向上高出女頭墻五六尺賊至女頭墻上必為排杈木隔至背後乘空守

禦人於木空中拖槍刀擊刺不下者下而不死者
鮮矣閏十二月二十四日再推對樓五座矢盛石
來以竿衝倒三坐城上卒爭持草以燒之對樓木
多而草盛火熾南風遂引燒城上樓子三座對樓
既倒在城外必不能却回亦不能再起自是堵住
賊人攻械來路可以置而不問燒者失也縱不引
燒城樓止燒了賊樓子亦是城上人自持草火與
賊燒閙再進攻械來路雖然此事已失若守禦官
別有守捍之具造城樓骨格欲於舊處安主者以
理度之自是賊必不容矢石必陪守禦官若能令

人依前說造洞子於闞樓子處兩頭連珠並進不終日決可蔽合摧代女頭以隔女頭矢石雖愈陪於前亦必無害次於燒了城樓子兩頭措置深埋排杈木以防賊急登城上分兵兩向次打城裏從下斜築向上至城面外垠向下從峻次於城裏脚下取土為深壕三五丈築月城圍之使賊乘對樓到城如不下對樓上城却回則已若上城必自立不得到内壕内無不死者如此一對賊必罷攻退兵不期守禦之於此一失以致城陷重念國家之難豈不痛哉攻守之械害物最重其勢可畏者莫

甚於砲然而亦全在人用若攻城人能用而守城人不能禦之則攻城人可以施其能若守城人能用則攻城人能者亦難施設竊聞虜人用砲攻京城守禦人亦嘗用砲城闕字必然難安大砲亦難容數多雖有砲臺而臺地步亦不甚廣又砲才欲施放敵人在外先見必須以衆砲來擊又城上砲亦在高處自然招城外賊人用砲可以直指而擊之以此觀時守禦之人可謂不能用也砲明矣假令當時於城裏脚下立砲仍每座砲前埋立木為衣敵人在外不見立砲所在雖有能用砲者何能

施設或人以謂砲在城裏砲手不能見得城外事
無由取的每坐砲別用一人於城上專管裏砲稍
與外物相對即令施設少偏却令砲少手那脚上
大偏則就令拽砲人撞轉砲坐放過則令減人或
用砲稍大者不及則令添人或用砲稍小者照料
得一砲打中得砲少有不中又城裏立砲可置數
多守禦人用砲若止能如此雖賊人用砲何能為
也築城之計城面上必作女頭中間立狗脚木一
條每女頭中掛荅笓籬惟可以隔遮弓箭弩於砲
石則難以遮隔若改作平頭墻不用笓籬只於近

下留品字方空眼與女頭相似亦甚濟用或問何
以備禦城外脚下自有馬面墻兩邊皆見城外脚
下於墻頭上墜下害賊之物賊人初到城下觀其
攻械勢恐難遏宜便於城裏脚下取土爲深闊裏
壕壕外去壕數丈再築城裏一重對舊城門更不
作門却於新築城下緣裏壕入二三里地新城上
開門使人入得大城直行不得須於裏壕垠上新
城脚下繚繞三二里地方始入門若此則假使賊
善填壕止不過填外壕必不能填得裏壕賊若由
門入城須行新城脚下裏壕垠上新城上大直下

臨賊何物不可施用正是賊死地必不敢入既由正門入城尚不敢豈肯用命打城但只如此為備賊兵至多攻城百種試可談笑以待之又況京都舊城亦自可守若遂措置便可使勢如金湯有不可犯之理兼京城之内軍兵百姓金銀粟帛計以億兆之數亦莫能盡若能竭力修作不獨添此一城一壕可不日而成假使添築城壕數重人亦不勞而辦重城既備然後招敵使人城議事彼若見之必不攻而自退俗諺云求人不如求己古人云上策莫如自治又事貴制人不貴制於人皆此之

謂也京城周圍地約一百二十里聞當時賊在城
外諸門多閉有以土塞者止開三兩門通人出入
如此乃是自塞生路而為賊生路也及為守之計
不獨大啓諸門仍於兩門之間更開三兩門使周
圍有門數十座齊開於城内運土木出外填壕作
路使戰出入無至自礙城上覘望敵人空隙稍成
便處即遣兵擊殺或夜出兵使賊在外所備處多
晝在備戰無有休息彼自不能久攻兼旣城内翻
開城門自運土填壕欲為出兵計賊在外填壕欲
為入計不攻自破所以敢自翻開城門出填壕者

非謂其賊兵可欺蓋恃其自於城內設險已備引
賊入城而死耳晉王浚遣都護王昌及鮮卑段就
六眷末柸等部五萬之衆以討石勒諸將皆勸勒
因守以疲寇獨張賓孔萇以謂可速鑿北壘為突
門二十餘道勒即以萇為攻戰都督造突城于北
城鮮卑入城北壘勒俟其陣未定躬率將士鼓噪
于城上會孔萇突諸門伏兵俱出擊之生擒末柸
等衆皆奔散萇乘勝追擊枕尸三十餘里獲鎧甲
五千足此乃守中有攻可謂善守城者也後之守
城者何憚而不法歟州郡城池之制人皆以為盡

善城有敵樓而禦人用火砲摧擊城外有壕而虜人用洞子填壘城高數丈虜人用天橋鵝車而對樓慢道雲梯等攻具登城據其城池之制可以自謂堅固前右所未有柰何虜人攻摵雄傑亦前右未所有故事貴乎仍舊而人憚於改作皆不可必者古人所謂利不百者不變法功不千者不易器以今城池之制觀之雖然利不至於百而功不至於千其間有須更改者不可不更改也自古聖人之法未嘗有一定之制可則因否則革也為今之計如敵樓者不可仍舊制也宜於馬上面築高原

墻下留品字　方徑及尺空眼以備覘望及施設槍路墻裏近下以細木蓋一兩架尾棚可令守禦避寒暑風雨屋墻裏皆墻低下則砲在外雖在外數多施設千萬悉莫能及人壕上作橋橋中作吊橋時暫隔賊則可若出兵則不能無礙宜為吊橋兵出入俱利城門宜迂回曲於移向裏百餘步置不獨賊矢石不及其舊作門樓處行入一步向裏便是賊陷穽可為窗穽蓋百步內兩壁城上下臨賊人應殺賊之具皆可設施舊門前橫築護門墻高丈餘兩頭遮過門三二丈城門啓閉人馬出入

壕外人皆不見孰敢窺伺城外脚下去城二丈臨壕垠上宜築高厚羊馬墻高及一丈厚及六尺墻脚下亦築雀臺高三二尺闊四尺雀臺上於羊馬墻上亦留品字空眼以備覘望及通槍路一如大城上女頭墻墻裏雀臺上栽埋排杈木以備賊填平壕塹及破羊馬墻至城脚下則賊與羊馬墻内两邊受敵頭上大城向下所施矢石即是賊當一面而守城人三面禦之羊馬墻内兵賴羊馬墻遮隔壕外矢石是羊馬墻與大城係是两城相乘齊用使賊人雖破羊馬墻無敢入者故羊馬墻比大

城雖甚低薄其捍禦堅守之効不在大城之下又羊馬墻内所置之兵正是披城下寨以留伏兵不知賊人以何術可解若此既有羊馬墻其鹿角可以不用仍於大城上多設暗門以備遺兵於羊馬墻内出入又羊馬墻去大城脚止二丈不令太遠者慮大城上拋擲磚石難過墻内反害墻内人又不令太近者慮其太窄難以回轉長搶又於大城裏城脚下作深闊裏壕壕上向裏度地五七丈可作来往路外築裏城排杈木但多備下賊寇城應敵處用以此設備雖使虜人善攻不足畏也墨子

宋大夫善守禦公輸般爲雲梯之械將攻宋墨子見之乃解帶爲城以械爲牒九設攻城之機墨子九拒之公輸般攻械盡墨子守有餘公輸屈曰吾知所以拒我者以見此攻城者宜乎古人以爲策之下也夫守城者每見敵人設爲一攻械而無策以應之者未有思也規嘗謂孫子曰兵者國之大事死生之地存亡之道不可不察也又以謂兵者詭也用無中形詭詐爲道故能而示之不能用而示之不用近而示之遠遠而示之近其不備出其不意此兵家之勝不可先傳也是以善守者藏於

九地之下使敵不知其所攻今夫備禦之策宜乎藏之於身待敵而用不可以先傳之然而有傳之於衆而達之於遠有利而無害有得而無失不可不先傳也嗟乎靖康丙午虜人以兒戲之具攻打京城守禦者一時失計遂致城拔迄今一紀有餘而虜人不思當時幸勝尚以驕氣相矜在規於未知虜人攻京城械器施設之前則每日人云金人攻城大砲對樓勢不可當貴顯言之則快然而不敢辨衆人言之則亦不敢痛折今即知其詳則豈可不盡剖其所見而言之况規忝冒職當次對濫

膺守臣苟無所見庶幾乎破彼姦謀使攻城掠地之心潛消於賓寘之中而致我宋之境無有遠邇若州若縣若守若令之人强者愈自奮懦者知自勉孰畏乎虜人之来攻城之械而城城皆可以自保若成我宋山河之壯者不可不論也規竊嘗聞國之利器不可以示人又機事不密則害成終而用兵之道以正合以奇勝善出奇者無窮如天地不竭如江海千變萬化孰能窮之今止據其虜人拔京城當時攻械施設略舉其捍禦之策大槩言之至於盡精微致敵之方雖不憚其文繁而有所

得眞不可示人者况雖欲傳之有不可得而傳之
者矣惟在乎守城之人於敵未至前精加思索應
變之術預爲之備耳區區管見不能自揆輒序於
僉言之後

三朝北盟會編卷第一百三十九

三朝北盟會編卷二百三十八

炎興下帙一百三十八

起癸未紹興十三年正月盡十二月

詔乾道二年八月二十日朝燁書副刊所不敢下乾道印

三朝北盟會編卷第一百四十

炎興下帙四十

起建炎四年六月十一日辛巳盡七月十七日丁巳

程昌禹鼎澧州鎮撫使兼知鼎州

程昌禹家傳曰建炎元年八月公以京西轉運判官入為尚書吏部郎官自南都扈從至維陽與時宰論事不合出守蔡二年八月至郡已為金人所破軍馬散亡盜賊充斥公乃招集流民簡練師旅其命將也不限資格惟有功者居上日與群盜戰每戰必克遂為強兵三年正月杜充留守京城招

紬劉寇張用王善而復逐之遂圍淮寧兩月張用分其衆號二十萬來寇三月至黄離去城二十里公度其遠來未食先遣汝陽縣尉杜湛設伏以輕兵誘之賊果以萬人追至城東遇伏大潰幾擒其次首馬友六月杜充赴行在檄公為留守判官月中至京城視事京師自經虜寇獨啓四門餘皆闔行者居者皆以為病公至欲盡闢之又游手艱食市多鼠竊犯者雖一錢皆死公欲寬為一千副留守郭仲荀皆不從七月蔡父老五百餘人投牒於留司丐公還曰蔡荐經寇攘自公臨治盜奔它境

雖令有本道運判滕膺攝事民未安其政詞旨誠切杜充時為宣撫聞之檄公還八月十八日入境城中来告前唐守勝牧招巨寇王民亦謂一簍針者合王清两軍約數萬衆道蔡已入西境攝守以其弟牧故許其入城吏民知其入則蔡為墟矣極言不可弗聽公聞之宵征十九日黎明入城午漏上賊奄至趍門不克入公令營于城東来丐糧曰吾廪未嘗餼賊求市倍其直乃售賊留日而行過平榆乃肆掠微公則無復有蔡矣閏八月没角牛楊進衆十餘萬寇真和進雖降為西京安撫然虜

不已且百端需于蔡公曰竭民血以資寇兵而給
盜糧吾不忍也一切絶之故進餽反遂来侵公令
杜堪等各以部兵分掩其時雨且夜刼其寨俘斬
不勝計賊不能安怒且恐乃分兵四出聚糧造天
橋雲梯謀攻城公亦為戰守備九月十一日公被
召赴行在方趣裝忽聞金人渡河陽公乃上聞乞
留捍禦寇退而行未報月末得上蔡狀言虜遊騎
入二十九日虜騎數至城東及城大軍至屯于南
東北三面約五六萬衆公令戒嚴且遣人縋城而
出告警于行在由是朝廷兩番虜入始檄諸道為

備十二月初二日公遣畦貴出兵擾虜營虜之邪
王席其累勝勢甚張衆亦心憚之公閉關偃旗息
鼓既獻俘士氣大奮公乃啓扉縱之至初四日生
獲逾七百人虜脾睨七日莫測城中虚實乃退出
師尾擊頗有所獲公自後連破賊曹貴楊勲斬馘
甚衆又破田僧歌虱子兵擒歌公竒其狀愛其勇
弗誅復委用之後卒為良將所謂田臯者也四年
二月以既除代奉詔提兵赴行闕會有旨罷諸路
勤王之師除公鼎澧鎮撫使
解潛為荊南府峽州荊門公安軍鎮撫使兼知荊南

府陳求道爲襄陽府鄧隨郢州鎮撫使兼知襄陽府范之才起復爲金房均州鎮撫使兼知均州馮長寧爲淮陽順昌府蔡州鎮撫使兼知淮寧府翟興爲河南孟汝唐州鎮撫使兼知河南府江淮荆湖京西等路分鎮范宗尹建議也五月二十二日參知政事范宗尹等劄子奏臣等恭依 聖旨就都堂聚議分鎮事宜畫一如後一諸鎮臣乞以鎮撫使爲名一欲將京畿湖北淮南京東京州軍並分爲鎮其陝西四川江南兩浙湖南福建二廣並仍舊制一諸鎮除茶塩之利國家大計所繫所入並歸朝廷

及依舊置提舉官外其餘監司並罷所有財賦除
供上錢帛等自合認數送納外其餘並聽本鎮帥
臣移用更不從朝廷應副緣今初理宜寬假而又
責以備禦之事欲爲蠲免上供三年候事力當實
日自分依舊一令来分鎮州軍多經殘破或緊要
控拒去處理宜增重事權庶可以辦應管内州縣
官並許辟置知通令帥臣辟名具奏朝廷審量除
授官吏廉汚勤並許按察陞黜其所管州軍並聽
節制遇軍興許以便宜從事其帥臣不因朝廷召
擢更不除代如能捍禦外寇顯立大功當議特許

世襲奉　聖旨依奏至是除陳規已下鎮撫使

閑居錄曰宣和以來宦者童貫弄兵蔡攸並斡樞柄邊帥大率皆小人以賄賂用之軍政盡廢非徒士卒驕墮不可用且零落盡矣金虜大舉南牧不復可以支持靖康初　淵聖下令河朔欲令郡將世守事不果行　今上駐蹕維陽獻言者甚衆宰相黃潛善以謂非急務悉寢其奏建炎三年南渡至於餘杭潛善既罷余謬當柄途而士大夫復以藩鎮為請余為擇能虞卿等十九疏奏之且問陳以謂宜微　藝初祖議時制宜行在為京西淮北

為藩方淮南為郡縣會余罷去事亦不行次年六月范宗尹為參政申其說置鎮撫使遂以為相降詔施行然規摹參錯多寡不均李成以舒蘄光黃四州叛徑擾江西孔彥舟授鼎澧辰沅靖五州不赴遂犯湖南劉剛授濠泗岳飛授通泰趙立授承楚薛慶授天長郭仲威授真揚王彥授金房皆不能守惟桑仲以宗尹之兄宗禮在其中故授以襄鄧隨郢金均房信陽八郡地大人衆稍稍為患仲為其徒所殺裨將李宏伐之宏為偽齊所逐鎮遂廢

婁室撒离曷黑峯敗曲端軍於邠州白店原

節要曰時撒离昜陣於高原婁室黑峯率衆先戰官軍合之賊少却撒离昜恐懼至於號哭無何賊勢復振官軍敗績由是賊中目撒离昜爲哭啼郎君

二十二日壬辰知六安軍邊某殺金人盡殱

邊某初以金人寇城遂授拜金人以趙團練率北軍三百人屯于六安未經金人時守禦稍嚴鄉村強壯與射人户皆聚于城中李成張用等皆攻擊不克邊某雖已授拜而強壯射生户猶在城中金人有回歸之意道路風傳金人將盡驅六安之民北去故土官李六使者與邊某等密謀先事殺之

每日邀請趙團練筵會趙團練不疑壬辰邊棊及
李六使率軍民及射生户併殺金人皆盡
二十四日甲午知六安軍邊棊棄其城
邊棊已殺金人即告報居人盡納軍器少頃再告
報依舊做買賣近晚又告報二十四日棄城盡出
出盡焚燒令各備乾糧甲午果棄城邊棊令後軍
洪棊掠後放火城中一空是時張用在舒州有入
廬州境者張用立大旗招誘山東河北庶士失業
人人多歸之李六使爲李成敗此去壽春境被殺
戚方詣張俊降

戚方犯湖州安吉縣上鄉侗里張以兵討之至安吉鄉導言上鄉路狹不可行兵俊乃遣王冉與齎檄招之會岳飛追襲其後方無路進退乃詣俊乞降與其徒鄭某號為三哥哥者同至安吉見俊俊先見方諭之曰國家多難當以忠義報國家不可負朝廷方曰不敢俊曰爾宜一心事主不得有二方拜謝而見之哥哥者俊曰國家不負人爾亦不可負國家曰不敢俊曰是何不敢人言爾復欲反乃呼證左而問曰是人果欲反乎曰實欲復反俊命推出斬之方上兵馬簿有馬六百疋獻金玉珠

珍不可計自方到行在日與中貴人蒲傳不勝取
黑漆如馬蹄者用炭火熁去漆乃黄金也以償傳
貸每一傳不下數枚於是方已受正使矣時人為
之語曰要高官受招安欲得富須胡做
七月十三日壬子馬吉爲韓世清所敗
韓世清在蘄州敗劉忠得柔福帝姬蘄州甄采聞
于朝即與世清同護送柔福帝姬之行在列興國
軍路艱阻不能行四月朝廷差内侍蓐堯輔來迎
請柔福帝姬不許世清離蘄州秖令來至行在世
清曰世清已起發蘄州矣且得柔福帝姬者世清

也囑采别具奏乞以世清同護送柔福帝姬且言已一面起發事　上覽奏即降旨令世清徽州駐劄不許赴行在世清屯于徽州之黟縣馬吉以潰散餘兵方擾于旌德太平之間世清屯黟遂率衆往迎之為世清所敗其提舉官孫抃死於亂兵吉自長壽由涇縣出宣城至廣德受劉光世招安世清追至宣而還

十三日癸丑崔增犯太平州

崔增既破焦湖水寨有大小舟數千艘又聞金人已渡江北屯于淮東增乃率其衆漸出柵江口未

有所向遂犯太平州繞城劄寨甲寅夜以船百艘載攻具傍東南城角攻打賊衆約二千餘併力齊攻軍知州事郭偉盡力禦之有三賊首稱是閻将韓将呼曰城中有勇鋭者請出挑戰荻港巡檢王宗引弓滿兩矢皆中二賊城上人讙呼賊衆稍却戊午數百人叩城有賊首執大刀有牌旗寫中軍将劉順順引衆犯西南城角宗又射中之宗遂率牙兵魏進士軍洪亮等下城與戰賊遂退去賊驅虜居民於城下剖腐殺殘又縱火焚燒天慶觀及居民攻城不克屢為官軍所敗

張用奔于漢陽軍受鄂州路安撫司招安

五月張用諸軍在淮西乏糧六月轉至信陽軍復往德安府用屯中軍于三龍河曹成屯于應城縣諸軍散居連接至郢州絡繹不絕至是魚磨山寨軍亂統領將佐王林孟振張衙推等殺其統領官馬老爺王林等謂之王鐵斬相州人初曾被擒入布袋倚船板上用刀斫其頸八刀以為死矣放入黃河中無何布袋擊頭脫遂把而出漸復得活又謂之王八刀後為橫行遥郡張俊下作馬軍將官者是馬老爺王既死者聞之曰軍容不整至使軍

中自相屠殺豈爲殺一馬統領手乃是欲殺張俊
耳用請從此自往求一死處諸人各各耐辛苦有
隨用去者至淮陽有衆一二千時馬友在漢陽界
内知漢陽軍范某懼倉庫不能給乃以軍事并倉
庫見在移牒與用遂爲知軍鄂州路安撫使李允
文遣張定國往招用用受招安定國乃遂旋濟渡
至南岸允文怒曰何不且撫定而遠濟渡手乃移
文問之曰用懼遂反自漢陽界虜掠強壯而去允
文遣水軍張崇追擊不及曹成聞馬老爺之死又
聞用自奔去大怒令執捉中國人到即斬之成常

恨中軍統領官吳某實不同其謀成使人執至責
以軍律不整使下有謀上者遂斬之
十七日丁巳郭仲威出平江府率衆奔于興化縣
郭仲威擾平江府之民朝廷聞之遣張俊來治仲
威之罪仲威覺之率衆出平江府遁走屯于興化
縣朝廷授以眞州鎮撫使
巨師古軍于杭州薛成軍于婺州

三朝北盟會編卷第一百四十

三朝北盟會編一百四十一之一百四十五

第一百四十四卷
起紹興元年正月一日己亥盡二月二十二日乙丑
第一百四十五卷
起紹興元年二月二十六日癸巳盡四月十日丙子

三朝北盟會編卷第一百四十一

朝散大夫荊湖北路安撫司參議官賜緋魚袋臣徐夢莘編集

炎興下帙四十一

起建炎四年七月二十七日丁卯盡八月十日庚辰

二十七日丁卯金人立劉豫于北京國號齊

金人册豫文曰維天會八年歲次庚戌七月辛丑朔二十七日丁卯皇帝若曰朕公於御物不以天下爲己私職在牧民迺知王者爲通器威罰既已殄罪位號宜乎授能迺者有遼運屬顛危數窮否塞獲罪上帝流毒下民太祖武元皇帝杖黃鉞而

拯黔黎麾白旄而誓師旅妖氛既掃區宇式寧爰
有宋人來從海道願輸歲幣誓復漢疆太祖方務
善鄰即從來議豈期天方肇亂自啓釁階陰結叛
臣賊虐宰輔招集姦慝擾亂邊陲肆朕纘承仰循
先志姑存大體式示函容迺復蔽匿逋逃夸大疆
域肆其貪狠自起紛爭擾吾外屬之藩鄰取其受
賜之疆土因彼告援遂與解和終莫聽從巧爲辭
拒爰命將帥譚諭盟言許以自新終然不改偏師
傳汴首罪奔淮嗣子哀鳴請復懽好地畫三鎮誓
至萬年凡有質要悉同文約既而官軍未退夜盡

衆以犯營誓壘纔乾密傳檄而堅壁私結人使陰廟諱事端以故再遣師徒詰茲敗累又起畫河之議復成款戰之謀既昧神明迺昭聖諱相鑒京城摧破鼎祚淪亡無併爾疆以示不貪之德止遷其主用彰伐罪之心建楚新封守宋舊服庶能為國當共息民不料懦夫難勝重任妄為退廟諱反陷誅鋤重念斯民亂于無主乂罹塗炭未獲昭蘇不委仁賢孰能保定咨爾具位劉豫夙擅直言之譽素懷濟世之才居于亂邦生不偶世百里雖智亦奚補於虞亡三仁至高或顯從於周仕當姦賊擾攘之際

愚氓去就之間舉郡來王奮然獨斷逮乎歷試厥勲克成夫委之安撫德化行任之尸牧獄訟理付之總戎盜賊息專之節制郡國清況有定衰救亂之謀必挾拯變扶危之策使民無事則槖弓力穡有役則釋耒荷戈罷無名之征捐不急之務廟諱隱逸舉孝廉振紀綱修制度省刑罰而去煩酷發倉廩而息蟊螟神人以和上下協應比下明詔詢考輿情列郡同辭一心仰在宜即始歸之地以昭建業之元是用遣西京留守高慶裔副使禮部侍郎知制誥韓昉備禮以璽紱寶冊命爾封疆並從楚

舊吏須安集自相依居爾其上體天心下從人欲忠以藩王室信以保邦圻惟天難諶惟命靡常常厥德保厥位爾其勉哉勿忽朕命玉冊計六十六萬方每方字兩行金塡字豫遂僭立于北京肆赦云門下自前朝失御率土無依内離民心致蠭起弄兵之盜外開邊隙來鷹揚問罪之師山川靡寧干戈互動耕桑廢業壠畝彌望而荊榛老幼逃生廬舍多爲之灰燼原野厭于流血溝壑塡于殘骸兵火連年不休亂離自古所少言之流涕念及痛心嗟赤子之無辜冀皇天之降禍宣命亟班於上國郡制特設於東州

顧朕何人誤承此任自念夙猷寡陋家世側微昔

也壯年乂林泉之是樂今焉晚節豈軒冕之爲心

屬乞退閑竟無允命提綱五路空殫夙夜之勞歷

試朞年殘著錙銖之効雖近地稍形於康乂而遠

民未免於飢荒方圖自効而歸敢有懷它之望顯

冊着既申命要在必從避辭者凡四章無所不至

使命愈加乎御名迫軍民不容于遁逃至于屬部之

州列奏樂推之牘此豈人事致爾實有天數存焉

知便安難遂於己私則吉凶宜同於民患當天造

之草昧念王業之難艱恭授冊儀尚循墻而欲避

勉應位數若肎剌之不遑雖非虞舜之明揚幸無成湯之慙德已於天會八年九月九日即皇帝位國號大齊布告中外咸知朕意尚念世道交喪國俗益訛貪頑未變於餘風詿誤多罹於憲綱力期化洽深軫哀矜宜布湛恩與之更治可大赦天下云云於戲臨深履薄何以當副闕一字之隆拯溺救焚可以慰來蘇之望公卿宣力士庶協心共賛耿冲以臻康泰以前宗正寺丞李孝揚權左丞濟南通判張東權吏部侍郎兼右丞子麟太中大夫提領諸路兵馬知濟南府以延康殿學士前宣奉大夫

前太原尹張孝純依前宣奉大夫封開國公守尚書右丞相弟益爲北京留守都水使者王夔汴京留守弁東平府以爲東京以東京爲汴京改南京爲歸德府豫生於景州守濟南節制東平僭位大名起四部强壯爲雲從子弟應募者數千人四太子南寇回以李鄴李俅李儔鄭億年臣豫以儔爲監察御史億年權工部侍郎

節要曰先是虜中僞留守高慶裔獻議于粘罕曰吾君舉兵止欲取兩河故汴京既得而復立張邦昌後以邦昌廢逐故再有河南之役方今河南州

郡自下之後亦欲循邦昌故事元帥可首建此議無以恩歸他人蓋以金人自陷山東撻懶久居濱濰劉豫以相近奉之尤喜撻懶嘗有許豫僭逆之意慶裔粘罕腹心也恐爲撻懶所先遂遽建此議務欲功歸粘罕粘罕從其説遣慶裔自雲中由燕山河間越舊河之南劉豫節制舊河爲界首至豫所隸景州會吏民於州治諭以求賢建國之意郡人莫敢言之皆曰願聽所舉某等不知賢者慶裔徐露意以屬劉豫郡人迎合虜情懼豫權勢又豫適景人也故共戴之慶裔喜曰爾與朝廷帥府之意正相合

爾遂令列狀舉之慶裔至德慱東平一依景州之例既至東平則分遞諸郡以取願狀歸至雲中具陳諸州郡共戴劉豫之意及持諸吏民願狀於粘罕復令慶裔馳問劉豫可否豫陽辭之又且推前知大原張孝純慶裔歸報粘罕又遣慶裔喻豫曰戴爾者河南萬姓孝純者惟爾一人難以一人之情而阻萬姓之類爾可就位我當遣孝純輔爾豫諾之粘罕於是令右監軍兀室馳稟於虜主吳乞買從之故豫得僣立或謂本鄧州叛臣張剛中獻策於慶裔慶裔以三班奉職酬之復以其說爲已

見獻于粘罕非也金人入寇山東指以邦昌爲名
不易官制風俗者其議素已定矣不然撻懶豈敢
擅許於人耶劉豫揣意求於虜麼裔懐私屬於豫
其所由來漸矣非自剛中始也然剛中之罪豈勝
誅哉

太行義士石子明與金人漢軍萬户韓常戰於眞定
大敗常軍

石子明與韓常戰於眞定西山烟脂嶺大破常軍
常軍千户劉麼餘爲砲折其頸金人以萬户比都
總管之職千户比節度使百人長比刺史令燕雲

諸路民兵千戶百人長乃以家業或丁數定之在
軍則權爲千戶百人長散則還爲散民
三十日庚午水賊崔增攻太平州
崔增自癸丑寇城下攻擊不克至是退去
八月一日辛未朔岳飛除昌州觀察使通泰州鎮撫使
五月岳飛有靖安鎮之捷生獲金人三百餘人至
是岳飛獻俘于行在授昌州觀察使通泰州鎮撫使
桑仲陷襄陽府
京西制置使有曹端者自京城陷聚衆擾于京西
號爲曹火星千秋遣人招之屯于襄陽城下是時

衆仲在唐州盡取強壯爲兵唐州之民在桐栢者盡爲董平攢集屬董平者退進無所依皆盡室願歸于仲仲之衆漸盛遂自光化軍將冦襄陽千秋遣端禦之并檄鄧州譚究爲援端與仲相遇于高車急擊之仲敗稍引退端以獲捷報千秋會究遣騎兵五百來策應千秋曰譚安撫馬軍皆精鋭當策應功耶遂率衆退于中廬南漳之間且曰令馬軍破賊仲聞端已退去整衆而進與鄧州馬軍遇地勢皆坡坂而有低林俗呼爲孛蘿堈非騎兵之利鄧州大兵敗仲遂冦襄陽千秋公安親隨兵未嘗

歷戰陣皆輕佻欲出戰千秋不許至于四再乃令
出戰悉用行纏札腿以青紅帶繫定着新布衫如
市井間做場弄棒人仲以馬軍數百伏路兩旁俟
親隨軍纔過未盡即突出盡唱令坐親隨兵皆坐
以棍棒次第敲殺之方其敲也有一人奮身而起
大呼曰我與你㙮㯓仲之黨皆大笑有失仗者千
秋下統兵官貴仲正等諸軍皆散千秋棄城奔于
中廬仲遂據襄陽千秋遣人密説王闢使圖端闢
者端之裨將也遂殺端衆軍皆散或百十人或三
二百人各爲火伴者莫知其數唯後軍李忠寨差

遠獨不散散與不散者盡戴白巾聲言爲曹太尉
報讎千秋不可居乃轉往金州自此入川矣
七日丁丑李允文爲鄂州路安撫使知鄂州
靖康間李允文以教王寓辭避奉使謫閑者數年
張浚爲川陜宣撫使道出鄂州允文謁之浚與允
文偕行至京西以爲京西提刑時趙宗印屯于郢
州欲隨浚入川乃以兵馬盡交與允文而吳錫初
受宗印招安亦在其中至是允文爲鄂州路安撫
知鄂州盡以其兵行
張俊爲檢校少保定江昭慶軍節度使

制曰門下三軍利用莫如忠勇之兩全十乘啓行尤貴武文之兼寵　朕博稽輿論優奬虎臣乃疏進律之褒用跡在廷之聽具官某性資沉鷙材力驍雄得孫吴方略之奇兼信布爪牙之勇執干戈而衛社稷居存蹇蹇之忠安邊境而立功名躬履堂堂之陣昨緣多故尤見殫誠提萬旅以趍朝扈六飛而復辟旋因冬狩留駐海壖偶胡馬之長驅帥王師而鏖戰奮當大敵援枹鼓以忘身坐掃妖氛用鯨鯢而築觀兹及行朝之底定復銷羣盗之搶攘併録茂勳用加醲賞秩視三孤之貴地兼兩

鎭之崇載錫爰田仍加眞賦增中權節制之重示
上將威儀之多於戲有功見知朕既每存於大
信縱敵生患汝其勿替於前功惟一心同奬於朝
廷斯千載永書於令甲服予之訓時乃之休
十日庚辰　隆祐皇太后至自虔州
盧益辛企宗護衛　隆祐皇太后至行在李回楊
惟忠防衛六宫
王瓊軍于信州
王𤍠自馬家渡失守潰散由徽州走浙東至處州
爲神武右軍馮宗回追及戰於天寧寺前瓊走福

建路宗回及李倴追至南劍州然璦乃潰兵非盜賊也朝廷命軍于信州

薛慶及金人戰于楊州軍敗被殺郭仲威棄其城奔于興化

兀朮自建康回軍至六合縣欲發舟船取楚州路行而趙立在楚州薛慶在高郵軍舟船不可發故兀朮駐軍六合未得歸撻懶自壽河寨往六合見兀朮議事請益兵會孫村浦壽河之軍共取楚州兀朮乃分三大子兵欲攻高郵時郭仲威爲眞州鎮撫使移文報高郵薛慶慶知金人欲攻已於是

率兵來楊州會戰庚午慶至楊州與金人遇遂進戰不勝慶引還金人追至東門外慶墮馬被殺馬尋舊路走還高郵軍中見之曰馬空還矣薛太尉其死乎仲威棄楊州奔興化

姓氏録忠義傳曰薛慶建炎三年率兵數千據高郵軍善用大刀勇冠諸軍知樞密院事張浚往撫淮南至高郵軍慶詐降拜馬首迎入城執之浚部下陝西兵三千多見殺逼浚令出慶軍將士官告三千道四年除楚州鎮撫使朝廷約諸州鎮撫互相應援紹興元年金人攻楊州圍鎮撫使郭仲威

慶往救之殺金人兵甚衆慶力戰而死世稱其忠
勇絶倫能以功掩過者唯慶能之
金人陷高郵軍措置高郵軍事國奉卿棄城走
金人三太子既敗薛慶之軍于楊州即長驅侵高
郵軍副統制王林出城迎戰不勝奔于通泰高郵
遂陷措置高郵軍事國奉卿走還楚州
張用中軍從黨歸于鄂州
張用已受鄂州招安曹成以馬老爺事執捉中軍
人多被殺戮者用之妻一丈青奮身出招中軍人
隸麾下中軍人皆歸之有衆二萬餘人皆許無糧

食一丈青曰待我措置猶未知用投鄂州授昭安俄有人報用已受措置司招安一丈青乃率衆趍鄂州避馬友不由漢陽取間道出漢陽之後自下流渡江復與用合

趙立起趙瓊寨民兵不至

先是六月趙立趙瓊寨民于城中七月復放歸本寨至是金人已陷高郵軍撻懶欲併高郵金人共攻楚立遣楊栁全率親隨五十人起發瓊民兵起諸寨首領共圖解圍楊栁全至吴城土豪徐宗成曰滿家良賤皆爲楊栁全殺戮今乃敢來此耶遂

與土豪衛進及瓊等謀殺楊柳全割斷楊柳全脚筋以棗木爲大枷械其頸置之井上舂其身軀而死扛出之擲屍于清河中親隨五十人唯一二人得生還時楚州已破攻急立聞之大悔咬指出血滴血寫書責已差將某招諸水寨無應者趙瓊贈將某銀衣服等使歸援兵遂絶矣

李邦彦吴敏李綱皆復舊官

張琪移屯于襄安鎮

初張琪屯于舒城縣界李成在舒州頭子山遣人索糧草琪懼之移屯于廬江縣四月琪破礬山寨

先是盧巡檢者聚衆自保旣遭琪所破乃奔散渡江途中之人以爲姦細遂殺之六月琪破崑山寨至是移軍屯于襄安鎭
范宗尹量移王時雍徐秉哲莫儔吳幵王紹王及之胡思等仍薦孫覿汪藻李擢陳戩等
范宗尹量移王時雍等皆不聞奏議者譏其不公
翟興令其子琮及趙林敗金人于永安軍
金人侵犯陵寢翟興遣其子琮及統領官趙林率兵由河陽南州至鞏縣永安軍邀擊屢戰皆捷襲逐至澠池縣出界

翟興加武略大夫兼閤門宣贊舍人爲河南府孟汝唐州鎮撫使馬步軍都總管兼知河南府事管内勸農使　朝廷以分鎮之權擢翟興爲鎮撫使制詞有曰果毅自奮智略有餘總合師徒貫攜劒擢鋒之意襲逐勇冠有覆軍搴旗之功先是兩河陷没興以京西與河東河北接境是時尚有忠義之人聚兵保守山寨不願順番者興遣親信持蠟書取間道以結約之如向滏王簡王英等數十寨願聽節制興具聞于朝廷　上大喜遂命興經制使王擇仁同領其事擢興節制應援河北河東兩路

軍馬使興遣人作商販渡河密齎撫諭自是并汾澤潞晉絳懷衛河陽等十數州山寨首領盧師迪李吉李彥隆馬夜义李遵宋德輩至河陽見興矣

孔彥舟據潭州

朝廷除程昌禹鼎澧州鎮撫使兼知鼎州詔告既到昌禹檄傳鼎澧間孔彥舟在鼎州仍渡江取太平村入湖南界至寧鄉縣王以寧率師拒之不勝彥舟遂入據潭州

撻懶使特木也萬戶撫諭趙瓊寨

撻懶會高郵金人併攻楚州慮趙瓊寨為楚州之

援也乃遣特木也萬户往撫諭之瓊已拒楚州之
命不發援兵又徐宗成等殺其來使楊𢔶全遂納
特木也户特木也萬户至宿遷縣追瓊等諸首領
聽命

三朝北盟會編卷第一百四十一

三朝北盟會編卷第一百四十二

炎興下帙四十二

起建炎四年九月一日庚子盡十月一日庚午

九月一日庚子朔吕頤浩駐軍于饒州

吕頤浩爲建康府路安撫大使兼知池州張道王淵顏孝恭巨師古楊惟忠王瓔六軍皆聽節制李成寇江州頤浩乃駐軍于饒州四望山

三日壬寅知德安府陳規以王命招馬友降

馬友擾于京西湖北也以其衆寇德安府圍城數月不退知府陳規守禦甚嚴友不能近規乃與友

約通買賣鹽一斤爲錢二十千八月有奉使往四
川田者以路不通行留府中規乃與奉使謀令以
王命招友受降友許諾約既成而奉使行友乃以
文字報前路不得邀掠奉使至孝感縣尉告之以
前途難行奉使遂止而友復猖獗矣時曹成屯于
三龍河也
四日癸卯通泰州鎮撫使岳飛入泰州
七月岳飛除通泰州鎮撫使至是以本部兵入泰
州飛治軍嚴整將士畏之禁止軍中不得搔擾百
姓尤得民情

馬進入興國軍

馬進自黃州渡江由大冶縣寇興國軍知軍李儀及軍縣官皆在城中遂開門納之進入城放買賣不殺掠如官軍馬

趙延壽寇德安府

趙延壽號趙不忙以衆犯德安府陳規禦退之

二十日己未金均房州安撫使王彥及桑仲戰于平麗縣

長沙桑仲敗走追至竹山縣而還桑仲退據房州

王彥在金州時中原盜賊蠭起大者據縣鑄印章

擅生殺更相吞噬以圖非望而饑饉荒榛無所資
給惟四川號爲全富金州適當蜀之門户彥撫民
治軍寬猛得宜軍民皆信嚮之巨寇桑仲已陷襄
陽進攻均房知州李倫清韋知幾脱身奔竄仲勢
益張有窺四川之意擁衆號三十萬直犯金州白
土關彥以官軍保長沙桒仲者彥之舊部曲也以
申狀懇請於彥曰仲於公無敢犯願假道入蜀以
就食耳彥語將佐曰吾素知桒仲之爲人喜馭士
卒輕財善鬬然勇而無謀決爲諸公破之乃遣統
領官門立爲先鋒立血戰不勝馬陷于淖中其子

璋馳馬適過立呼之使救璋不顧而去立遂被執
爲賊碎其屍立罵不絶口而死人心震恐且糧食
不繼或請避賊鋒彥曰方今醜虜在陜右桑仲在
安康則四川腹背受敵奈天下何吾荷國家厚恩
誓不與賊俱生以母老託其友遂率同統制王宗
尸相爲掎角時官軍纔二千人彥謂諸將曰大丈
夫要當以忠義死節豈可効鼠輩偷生負國敢有
言避賊者斬人皆奮勵願爭先致死已未賊張步
騎六道並進其勢甚盛彥執旗大呼麾士士悉殊
死鬭自辰及酉賊大敗追襲二百餘里賊陣黄水

還據房陵

張浚以陝西五路軍于富平爲婁宿所襲諸軍不戰皆潰

先是張浚以川陝宣撫之職後生氣鋭欲聚兵深入削平禍亂初至漢中會諸將問大舉之策前軍統制王彦獨以爲不可曰陝西兵將上下之情皆未相通若少有不利則五路俱失不若且屯兵利閬州興洋以固根本設若敵人犯境則檄諸路將帥互爲應援以禦敵若不捷亦未至爲大失也時浚之幕客皆輕俊其氣亦鋭見兵馬已集謂大功

可成要當疾進聞彥之言皆相視而笑曰提兵數
萬乃畏怯如此何日可成大功彥以計不行即請
爲利州路鈐轄而去後浚駐于秦州金人敗吳玠
于彭店原復還河東浚欲大舉因問威武大將軍
曲端有何計策端謂承平之久人不經戰金人新
造之勢難與爭鋒且宜訓兵秣馬保疆而已俟十
年方可議戰浚不喜乃曰將軍持不戰之說豈可
以當大將端曰唯遂納威武大將猶用端爲參謀
時王庶亦爲參謀謀論不協端因辭遂以爲都轉
運使隨軍而已端與彥之言不用由是浚與幕官

劉子羽輩專爲攻戰之謀常會諸幕客中有言兵
馬已集可一埽金人盡靜者浚大喜之幹辦公事
郭奕應聲曰不知是怎磨地一埽用條箒埽唯復
用埽箒埽一坐皆驚愕浚亦默然是時大舉之議
已定三尺之童皆知其不可幕客與兵將官心知
其非而口不敢言唯喏相應和者十八九間有反
復論難者又持之不堅獨楊晟御名極言其非浚不
從兵事既舉晟御名乃求行邊不隨幕府浚乃竭全
陝六路事力舉于富平金銀錢帛糧食如山積浚
以熙河路師劉錫爲都統制浚以九月發秦亭親

督戰六路兵二十萬馬七萬約以更相策援浚見兵馬俱集大喜謂當自此便可以徑入幽燕問曲端如何端曰必敗浚曰若不敗如何端曰若宣撫之兵不敗端伏劍而死浚曰可責狀否端即索紙筆責令狀曰如不敗甘伏軍法浚曰浚若不勝復當以頭與將軍遂大不協金人屯于大封縣相去八十里而婁宿孛堇方在綏德軍衆請擊之浚曰不可夫戰者當投戰書約日會戰乃遣使投書金人不報書凡數往浚大書于榜曰有能生致婁宿孛堇者雖白身亦授節度使賞銀絹皆萬計婁宿

孛堇自綏德軍來移軍與官軍對壘牓其軍曰有能生致張浚者賞驢一頭布一疋婁宿孛堇率數十騎登山以望浚軍曰人雖多營壁不同千窓萬孔極易破耳浚猶遣使約戰金人許之至期輒不出兵以爲常浚以婁宿爲怯且曰吾破虜必矣幕客有請以婦人巾幗之服遺宿者諸路鄉民運糧草輜重者絡繹於道路至軍則繞寨安泊每州縣自爲小寨以車馬爲衛十十五五相連不斷先是知鳳翔府兼權永興軍路經略安撫司公事吳玠謂地勢不利宜據高阜衆曰我師數倍又前臨葦

澤非騎兵所宜不聽是日也婁宿孛堇選三千騎
𢹂食令折合孛堇率之囊土逾淖徑赴鄜民小寨
鄜民奔亂不止踐寨而入諸軍驚亂浚乘騎急奔
諸軍皆潰唯環慶路經略使趙哲牌旗不及卷衆
呼曰環慶路經略趙都承先走至邠州乃稍定金
人得勝不追所獲珍寶錢帛如山岳不可計郭奕
爲詩曰婁宿大王傳語張老謝得送到糧草斟秤
不留一件怎生見得多少浚自愧輕舉無功乃歸
罪趙哲矣或有以諸葛孔明比浚者幕客或以爲
譏而怒之彼曰非敢譏也孔明應變將略非其所

長是以似之

二十五日甲子金人陷楚州

金人用降人衞進言專攻北壁四十餘日晝夜不息己未砲着敵樓湫石中趙立股骨折而死徐州人密藏埋其屍立死之六日而城陷立一妻一妹一女年十餘歲一男方總角或遭虜掠或被殺害皆盡後有人見其男在虜寨中猶言我爹爹死後便有如此事聞之者爲之墮淚立在楚州也視金人如仇讎每言及金人必嚼齒而怒常戒約士卒唯以殺金人爲言且曰若不幸城陷則當備巷戰

每一巷口皆以磚壘合隔三五巷爲一間道出兵
以殺金人則金人可以盡殺每戰皆親履行陣爲
旗頭見士卒有回顧或退移一步者定行軍法故
人人用命不敢有退怯心君子謂向使立以城陷
巷戰而死其忠義之節必高出於張巡許遠之上
惜乎死於砲之餘威不得見之哀哉加贈奉國軍
節度使謚忠敢立廟楚州與十人恩澤皆無承受
者初立入楚州也有徐州軍民老小僅數千强壯
唯二千又有楚州將兵約二千四縣民約五千淮
陰縣首領嚴宗義也共不滿萬人受圍既久徐州

人漸有歸鄉而去者圍城初有野麥野豆可以爲糧後皆無生初有鳬茈蘆根男女無貴賤劚掘之後水所没城中絶糧食至草木有屑榆皮而食者親戚互相食啗至城陷而心不變城陷之始四縣民兵爭門而出往往有得生者民兵首領萬五石琦蔚亨號有千人敵皆得出唯左彬不忍棄其妻彬乘馬坐妻于馬後以繩維之手提大刀爭門而出手殺數十人力困而死紹興五年徐州將校出立屍改葬自頂至足無一支脫落者唯左股爲砲所傷骨折不續人皆奇之

中興姓氏忠義傳曰趙立徐州人也少爲軍卒建炎三年領兵數千與金人苦戰徐州互有勝負以衆寡不敵率兵走楚州尚有八百時無守即命立爲泗楚州鎮撫使金人以重兵圍之一年盡其攻擊之術立以死咸拒破之城中居民有小過即誅斬一家使無遺類威勇振一方前後殺金人數萬多爲人𢀳懸之城上金人每欲渡江以立正梗淮東故不敢渡劉光世以兵五萬衆潤州畏大金不敢進朝廷命以兵救立不敢來詔加觀察使後拒大金于城上中砲而死年三十七大金聞死爭以

雲梯登城城中兵死戰又大敗之殺其數千人然城中無主將恃勝弛備大金探知之遂爭登城城陷皆屠之朝廷嘉立之忠贈開府儀同三司後賜廟于楚州號顯忠　追薦楚泗等州鎮撫使趙立并陷歿官吏軍民黄籙道場青詞伏以比者醜虜憑陵羣万震擾塗炭既彌於淮甸襟喉適在於山陽惟時帥臣爲國城守提孤軍而力奮冒彊敵以直前拏兵幾及於三時叩壘殆逾於百戰貫精忠於日月塞英氣於乾坤雖云壯志之莫成固巳榮名之不朽念元身之遽没極恩數以難酬輒罄丹

誠仰干洪造按科儀而載祓冀仙聖之來臨特垂
助順之明俯録盡忠之魄嘉其節死處以仙科坐
起萬化之塗求脫九幽之籍不淪爲物以勸事君
追薦趙立等道場罷散朱表解紛排難嘗力蹈於
危機福善禍淫固莫逃於昭鑒惟干城之故將實
當世之奇材既忠勇以忘身宜神明之護祐至誠
而動天地固異常倫忠死而作神仙況有明訓
前御史中丞秦檜將家屬自虜寨逃歸至漣水軍丁
禩水寨
御史中丞秦檜初以不願立張邦昌遭粘罕拘執

北去并其妻王氏同行隨行有小奴硯童小婢興兒御史衙司翁順而已至金國見虜主文烈帝高其不附立異姓之節以賜其弟撻懶爲任用任用者執事也撻懶亦高其節甚相親信金人許隨南官遷徙之人各逐便硯童興兒翁順皆不欲捨檜去乃共約同生死遂不相離金人欲用撻懶提兵而南也命檜以任用偕行檜密與其妻王氏爲計至燕山府留王氏而已獨行王氏故爲喧爭曰我家翁父使我嫁汝時有貲財二十萬貫欲使我與汝同甘苦盡此平生今大金國以汝爲任用而乃

棄我于途中耶喧爭不息撻懶與檜之居鄰比聲
相聞撻懶妻一車婆聞之請王氏問其故王氏具
以告一車婆曰不須慮也大金國法令許以家屬
同行令皇弟爲監軍亦帶家屬在軍中秦任用向
故留家屬在此而不同行也白之撻懶撻懶遂令
王氏同行由是硯童與兒翁順亦偕行檜爲任用
又隨行作參謀軍事又爲隨軍轉運使在孫村浦
寨中楚城陷孫村浦寨金人紛紛爭趍入楚州檜
常以梢工孫靜爲可與語遂密約靜于淮岸乘紛
紛不定作催淮陽軍海州錢糧爲名同妻王氏硯

童興兒翁順及親信高益恭等數人登小舟令靜
掛席而去至漣水軍界爲丁禩水寨邏者所得將
執縳而殺之檜知水寨尚爲國家守乃告之曰我
御史中丞秦檜也寨兵皆村民不曉其説且謂執
到姦細稍陵辱之檜曰此中有秀才否當知我姓
名或謂有賣酒王秀才當令一看之王秀才名安
道字伯路素不識檜乃佯爲識檜以紿其衆且欲
存檜也遂一見而長揖之曰中丞安樂勞苦不易
衆皆以爲王秀才既識之即不可殺遂以禮待之
硯童興兒翁順洎高益恭等一行皆得生全

王闢以其衆降于王彦

王闢曹端自襄陽潰散屯于中廬也闢殺端而侵秭歸不知地利爲思州田祐恭族蠻兵以木弩射退之乃復取興山縣路退于房州是時桑仲方攻金州而未敗也闢爲仲聲援及仲敗闢不敢進彦遣人以逆順諭闢使闢以忠義歸朝廷與附叛賊榮辱利害相去甚遠闢大悟請降彦欲詣闢壘衆謂闢雖願請降然心反覆未可知彦曰我以至誠待闢闢雖詐何能爲遂肩輿至闢營闢大驚迎迓甚恭彦具飯與闢對食開諭禍福闢與其黨皆俯

伏聽命遂遣諳宣撫司將佐皆不更易於是人人
願爲之用闕後腰斬于興元府
二十七日丙寅趙延壽焚郢州
金人攻李彦先于淮河彦先被殺
李彦先者韓世忠後軍管隊使臣也先是有李進
彦犯罪配遠惡過江州遇一道人曰汝異日當富
貴指其口曰能容拳則爲公侯令進彦以拳内口
中纔容半許道人曰惜哉雖富貴所得者不苦多
耳臨去語進彦曰汝不可自發心逃遁俟有人教
爾去去即無害進彦曰諾至衡山防送者曰嗟呼

生爲兵士傳送罪人何時巳乎叱進彥曰汝自去
我亦亡矣進彥謝之而去後投韓世忠軍中隸彥
先隊下世忠兵潰于沭陽也彥先與本隊四十三
人得二舟下海聚衆有數千彥先進彥分統之趙
立在楚州受圍彥先以舟船往來策應與立刺臂
爲義兄弟城陷之日彥先舟船猶在北神鎭淮河
中前後扼于金人進退未得至是金人以舟船併
力攻彥先彥先所乘舟下碇石急收不應爲金人
舟船簇擁彥先全家皆死于淮河時進彥舟船在
東海縣招集彥先餘衆遂獨爲首後於許浦受劉

光世招安

韓世清駐劄宣州

韓世清屯于徽州也六月令世清池州駐劄八月

劉洪道以吕頤浩參謀來知池州隨行有王換李

貴崔邪㢸等兵共數千是時世清有衆萬餘洪道

以池州錢糧闕乏令世清宣州駐劄世清遂駐劄

于宣州

十月一日庚午朔張浚斬環慶路經略使趙哲

冨平之敗張浚欲斬大將以藉口浚在邠州會諸

將帥議事浚立堂上諸將帥立堂下浚問誤國大

事誰當任其咎者衆皆言環慶兵先走浚即令擁環慶經略使趙哲斬之哲不伏且言有復辟功提轄官以骨朶擊其口血流不能作聲斬于堠下不厭公議衆語諠譁浚遂以黄榜赦諸將罪以安衆心

張浚放散五路勤王兵

趙哲已死諸路帥聽令張浚命各歸本路歇泊令方出口諸路之兵已行俄頃兵盡

張浚以孫恂權環慶路經略使

張浚既斬趙哲環慶闕帥乃以便宜命轉運判官孫恂權環慶路經略使

慕洧以環州叛附于西夏

趙哲被誅或語諸將曰汝等戰勇而帥獨坐誅天

下寧有是事孫恂既權帥事也劉子羽語恂令隂

圖環慶諸將恂納其言斬統領官喬澤張忠而統

制官慕洧覺之懼遂以環州叛張浚遣涇原統制

官李彦琪救環州洧附于夏國

三朝北盟會編卷第一百四十二

三朝北盟會編卷第一百四十三

炎興下帙四十三

起建炎四年十月一日庚午
盡十二月二十七日乙未

六宮至自虔州

劉光世退軍鎮江府

上命張浚出兵援劉光世而浚乞託不行

十日己卯李成徒黨馬進犯江州

李成據舒州朝廷授以舒蘄州鎮撫使成內懷姦愎而外假恭順光黄州鎮撫使吳翼謂光州不可守率軍民棄其城而去道途艱梗無所向往依成

死于成軍中自此成謀據江西以觀天下之變遂
遣馬進寇江州知州姚舜明問計於統制劉紹先
紹先請堅守紹先字嗣祖知書傳稍通兵法京城
統制官閻僅喜其爲人以女妻之京城陷僅潰散
紹先隨至江州僅留紹先以衆數千屯光州紹先
屢與楊進戰及酈瓊圍固始紹先以兵援之堅守
城壁力捍瓊保全固始後率衆歸江州舜明喜之
辟爲統制

李回同知樞密院

李回扈從六宮還除同知樞密院事　李回辭免

批答敕李回省所劄子奏辭免同知樞密院事恩命事具悉　朕惟國家傾危屯否未有甚於此時者也非得天下人豪策慮出乎拘攣之外者不足以輔成中興之功以卿有當世之材邃古人之學詳練周密爲時耆明故聞千里之造朝寢食不忘於虛佇擢寘樞機之地共圖龜鼎之安卿而不能尚誰可者勉服　朕命毋庸固辭所請宜不允故兹詔示想宜知悉

岳飛斬其統制傅慶

傅慶衛州窑戶也有勇力善戰屢立功岳飛寵惜

之以爲前軍統制慶恃其才視飛爲平交嘗曰岳
丈所主張此一軍者皆我出戰有功之力每有需
索于飛則曰岳丈傳慶没錢使可覓金若干或錢
若干飛亦屢與之無忤色及飛爲鎮撫使持法嚴
肅尤不可犯而慶不改其常飛待之異慶頗覺之
不喜會劉光世遣王德來高郵以當金人之在高
郵楚州者飛遣慶以前軍將士應援德德與慶交
馬而慶言欲伏事劉相公德許之統領張憲聞其
言告于飛飛銜之戒憲勿泄至是飛令諸統制射
遠箭慶三箸寄皆及一百七十步諸統制不過一百

五十步飛三賞貴慶酒醉飛取宣賜戰袍金带與王
貴慶曰賞有功者飛問有功者飛問有功者爲誰
慶曰傳慶在清水亭有功當賞傳慶飛大怒叱慶
下階取戰袍焚之搥毀其金带乃曰不斬傳慶何
以示衆遂命斬之

張浚退軍秦州

張浚以陜西失利慕洧背叛遂退還秦州

趙彬張中孚叛降于金人

慕洧既叛張浚遣涇原帥劉錡追之錡留將官張
中孚幕官趙彬守渭中孚彬二人皆曲端腹心意

輕錡又知浚已還秦州恐一旦金人至不能守乃
相與謀逐錡而據涇原觀望錡進不敢追洧退不
敢入渭遂走德順中孚彬以錡去乃遣人詣金人
乞降

王善餘黨推祝友爲首

先是王善降于金人徒黨皆散金人屯六合也有
丘虔者在滁州境内俄復渡淮過北去祝友在滁
州界皆善之餘黨友下寨於龔家城復欲往巢縣
李防禦者爲王縣尉所殺王縣尉者鄉兵首領也
間探得李防禦寨中人皆出外虜掠糧食乘其虚

而劫之遂殺李防禦衆遂推友爲首復還龔家城
下寨専殺人爲糧食
翟琮及李興敗金人于陽城縣擒其保骨孛堇
先是張浚經營兩河委翟興措置河外事興遣其
子琮率裨將李興渡河攻劫陽城縣出金人不意
官軍大捷擒河東都統保骨孛堇得都統印記獲
首級鞍馬器甲甚多興就遣琮取絳州之垣曲縣
至王村與金人遇又獲捷進兵至米糧川横山義
士史準等率來歸自是李興屯于商州
二十八日丁酉王林寇通州

王林葉高郵而來也

秦檜至行在除禮部尚書

秦檜既脱虜寨達漣水軍丁禩水寨也禩發遣檜還行在令進士王安道馮由義伴行由義字子儀既至行在士論疑之范宗尹李回奏其忠而薦其才張守嘗爲密州州學教授檜亦嘗爲之故守稱檜爲可用上甚喜即除禮部尚書檜具辭免賜詔不允曰卿頃者當干戈之際有社稷之言以忠信篤敬而行蠻貊之邦以靖共正直而爲神明之聽四年去國萬里還朝乃升常伯之聯用示匪躬之

勸昔鍾儀之留晉國不忘南音蘇武之在匈奴常
持漢節方卿所守未足爲難況乎踐祚之初已有
旌賢之詔奪安車之高志加祕殿之隆名今兹之
除蓋理前命褒崇非過何以辭爲檜請以本身合
得恩澤授安道由義官由是皆補迪功郎舟人孫
靜亦授承信郎檜陷虜信息不相通時妻兄王㬇
取王氏子冒姓秦以爲檜嗣立名曰熺俾承恩受
官至是王氏諸親以熺見檜檜甚喜以己子視之
知陳州馮長寧叛附于劉豫僞授戶部侍郎
馮長寧在陳州以王命阻絕乃附于劉豫請立什

一槪法豫從之僞除長寧戶部侍郎
十一月簽書樞密院事趙鼎罷
金人攻張榮于鼉潭湖破其茭城
張榮梁山濼取魚人也聚梁山濼有舟三二百人
常劫掠金人杜充爲留守時借補榮官至武功大
夫遥郡刺史軍號爲張敵萬金人進兵取維揚也
榮乘間率舟船自清河而下滿舟皆載糧食駐于
鼉潭湖積茭爲城以泥傅之漸有衆萬餘金人屯
于孫村浦壽河也屢遣人攻之阻湖淖皆不能近
是時天寒冰凍金人已得楚州遂併力攻其茭城

榮不能當焚其積聚棄茭城率舟船遂入通泰州

四日癸卯岳飛棄泰州

岳飛爲通泰州鎮撫使軍于泰州會金人撻懶有占通泰經畫再渡江之意已破張榮茭城虜騎侵入飛以泰州不可守於是率衆渡江入于江陰軍而棄泰州

張浚退軍于興州

張中孚趙彬既叛送款于金人金人是時將陝西所得金帛悉已津發歸河東又知慕洧叛乃徐引兵而西於是吳玠自鳳翔走保和尚原孫恂段丕

則相繼自隴關入秦停金人至渭州得我情實乃入德順軍張浚聞虜入德順遂移司入興州簿書輜重悉焼毀初浚欲大舉唯劉子羽議論契合三尺之童皆知其非幕官兵將官心知其非而口喏唯者十八九間有反復論難者又持之不堅獨幕官楊晟御名力言不可不從乃求行邊不隨浚之富平及失利乃來見浚浚懟諸事悉委之楊晟御名乃大罵子羽意欲殺之楊晟御名既用事乃言金人欲必舉川蜀然後歸國不若引兵金洋一帶俟金人歸國然後收復川陜事乃求定浚雖未盡信其說

然浚已置陜西於度外矣興元帥王庶前帥鄜延知虜情次第適來議事勸浚收熈河秦鳳兵扼隴關以爲後圖浚不聽遂失全陜

放散百司

金人已陷楚州游騎至江上行在驚恐乃放散百司從便仍結絶三省樞密院文字士民多竄者

祝友率衆渡江往新市薛店

祝友在滁州龔家城下寨也金人已破楚州矣滁河舟船盡放下江而去友遣劉統領者於滁河尋遺棄舟船得大小僅三杴遣數千人夾岸護送出

瓜步口沿江北岸韋至馬家渡支計置渡江招信劉綱人在江南把江口不容渡支衆及岸不得登者三日支督之甚嚴六軍都督舉張闕字死于江遂以諸舟撒星着岸上下占十餘里綱之兵不及分而支之衆已有登岸者漸次盡渡往新市薛店下寨縱兵虜掠

徐文以其衆歸朝

初徐聚徐文集衆有舟船數百隻與李彥先子進彥皆在東海縣李彥先進彥請聚同謁廟神聚不疑之爲彥先所殺徐文聞之開船下海占據靈山

有河北忠義人護宗室士幹至横島文㓜之士幹稱是濮恭懿王之孫朝廷遣人招文授武經大夫兼閤門宣賛舍人士幹送大理寺俄刺面配廣南後不知所終

十七日丙辰金人陷泰州

撻懶既得楚州有再謀渡江之意欲耕地爲守遂親率萬人陷泰州而屯駐

十八日丁巳知通州軍州事吕紳棄城走

金人已破泰州知通州吕紳懼而奔走紳自以棄城恐終不免於罪戾乃奏云臣夜得夢諸軍皆被

朱甲持赤幟蓋火德之應乃國家中興之兆士論以爲謟遂罷之

王彥敗桑仲于房州仲退軍襄陽府

桑仲據房州也王彥嘗從間道遣兵斷其糧餽亦請援于宣撫處置使張浚浚遣楊惟直領兵來援

丁巳彥濟師攻自黃水兵既接賊氣懾奔潰追至白磧斬獲不可勝計凡爲賊詿誤者悉貸之招降來歸皆分隸麾下仲退軍襄陽府

二十日己未金人陷通州

王彥爲金均房州鎮撫使

王彥爲三州鎮撫自此李忠自均州來攻彥率其衆號三十萬彥及忠戰勝負相當

劉豫建歸受館于宿州招延南方士大夫軍民置摧場通南北之貨機察間探

十二月崔增降于呂頤浩

崔增以七月寇太平州攻城不克劉光世在建康遣人招安增不從欲受呂頤浩招安乃率舟船往上江纔到魯江口遇邵青船出江頭不及備爲青所敗增在無爲軍界內屢與張琪戰增沿路以虜掠爲資所至無遺聞呂頤浩在饒州遣人投下文

字至是到彭澤縣得順浩差人來招安遂聽節制

二十七日乙未張浚江淮招討使

杜充至雲中見粘罕

節要曰充持將相之權據長江之險官軍數萬其勢非不能拒賊也而望風屈膝於穹廬之前何背君負國不顧節義之甚耶又聞粘罕初圍太原有保正石竘起寨於西山保聚村民金人攻之往往爲竘敗去及多邀金人出掠者由是粘罕遣大軍擒而破之竘已保守八月矣粘罕既得竘命釘之於車輞刃於股將欲支解之竘殊不屈粘罕異之

麽

徐爲嗚曰爾若降我當命爾以官嗚嫚罵曰爺是漢人能死不降番狗你識爺麽爺姓石石上釘橛更無移改竟爲賊所害噫里正之役非將相之權也烏合之衆非士卒之練也斬木揭竿非兵甲之堅利也山寨之固非大江之險也八月之久非望風之速也釘之於車剸刃於股非帷幄之優游也充處是而降賊嗚處是而不屈則忠義之士叛逆之夫所操一何遠也充聞嗚之風豈不愧歟

三朝北盟會編卷第一百四十三

三朝北盟會編卷第一百四十四

炎興下帙四十四

起紹興元年正月一日己亥盡二月二十二日己丑

紹興元年正月車駕駐蹕越州

一日己亥朔大赦改元

肆赦曰聖人受命以宅中莫大邦圖之繼王者體元而居正盍新年紀之頒朕遭時艱難涉道寡昧孰視斯民之荼毒莫當强敵之侵陵負此百憂于今五載昌嘗不未明求治當饋思賢念兩宫之遠而菲陋是安恐九廟之顛而艱危是蹈苟禍

可弭雖勞弗辭然生靈久困於干戈城郭悉殘於
煨燼丁壯縶身於異域稚婗暴骨於中原桑田失
時男女隳業僅存常産者苦斗升之斂乍失故鄉
者無赤土之依或迫飢寒散爲盗賊始焉莫之加
邺終而無以自還致汝于斯皆予之過幸高穹之
未厭哀否運之已窮戎馬雖來邊防粗備嘉與照
臨之内共圖休息之期紹奕世之宏休興百年之
丕緒爰因正歲肇易嘉名發渙號於治朝霈鴻恩
於寰宇其建炎五年可改爲紹興元年於戲小雅
盡廢宣王嗣復於宗周炎正中微光武系隆於有

漢靖言涼德敢對前人尚期中外之彛倫同念
祖宗之遺澤輔成此志求底干休
遥拜太上皇帝表本表曰接千歲之統推神筴以
膺期上萬年之觴御端朝而受祉若稽故實遥企
清光恭惟太上道君皇帝陛下體道粹精怡神
冲漠方席宗祧之慶遽成國步之艱帝堯游汾水
之陽久忘天下文王遇明夷之卦益見聖人臣自
遠威顔荐更時序當璣衡之載復帳旒冕之猶睽
鴻鴈雖賓莫附帛書於沙漠風濤中阻徒瞻雲氣
於蓬萊

八日丙午李允文謀殺張用之軍不克
先是乙巳李允文約張用丙午教場中點人皆素
隊入教場就請糧食是夜有張崇下宋統領者密
詣用告變曰李節制已備甲士欲盡殺軍士正總
管之罪用驚乃别告報來日盡全裝器甲入教場
丙午質明軍士皆全裝入城用請允文點軍允文
大驚詣教場急傳令已點入訖可便就請糧於是
軍士有去意不從用乃與親隨二千獨留城中統
領孟振王林等以軍士出南門長驅往咸寧
十日戊申馬進圍江州未解知州事姚舜明棄城走

馬進陷江州

江州被圍僅百日糧食皆盡人相食啗馬進賊兵晝夜攻不息統制劉紹先竭力拒禦至是人皆賊困無鬪志吕頤浩楊惟忠巨師古率師來救之及進戰爲進所敗官軍不得近城城中亦不知官軍到近郊沿江安撫使姚舜明與紹先議棄其城出奔紹先知其勢必不可保全乃縱火城中乘喧閙奪西門走瑞昌舜明出東門走南康進率衆入城大肆殺掠日晚有米綱到城下泊于酒坊門下始知賊已據城急解維放船下湖口進遣賊黨追至

湖口遇顛浩之兵而還聞江州已陷乃渡江入城
坐于州治括見任寄居官僅二百員悉殺于庭下
資學王𠅤簡及其子寓皆死于亂兵中其不死者
唯宗室不諍等四人有淤江安撫司統領官吕諤
者城初陷詣進降手射一石三斗弓發無不中進
喜成見之曰圍城久士卒多中箭而死非爾耶遂
殺之成揭牓許人識認被虜人口自此被虜人口
皆爲親人識認而去成許人任便買賣漸有生意
皆作庵寮以居
十一日己酉岳飛起發江陰軍權聽張俊節制以討

李成

李成乘金人殘亂之餘據江淮十餘州連兵數十萬有席卷東南之意數使其徒多爲文書符讖以爲幻惑聲撼中外朝廷患之議遣將未決而張俊請行乃命俊爲江淮路招討使應江淮路駐劄軍馬並聽節制岳飛以通泰州鎮撫使方退屯于江陰軍戊申被命己酉進發癸丑到宜興取老小到徽州有百姓訴其舅姚某搔擾飛者其母責之曰舅所爲如此有累於飛飛能容恐軍情與軍法不能容毋亦善勸而止他日飛與兵官押馬舅亦同

行舅出馬前飛而馳約數十步引弓滿回身射飛中其鞍橋飛馳馬逐舅擒下馬令王貴張憲捉其手自取佩刀破其心然後碎割之歸白其母曰我鍾愛此弟何遽如此飛曰若一箭或上或下則飛死矣飛爲舅所殺母雖欲一日安不可得也所以中橋者乃天相飛也今日不殺舅它日必爲舅所害故不如殺之母意亦解飛留老小于徽州率軍馬趁洪州會俊時邵青在蕪湖曾以文字告吕頤浩且叙鄉曲乞受招安頤浩從之授青樞密院水軍統制蕪湖縣駐劄兼招捉沿江盜賊亦受俊節

制而行

金人寇廬州

金人寇楊州

曹成李宏受鄂州李允文招安張用率衆往咸寧縣

曹成李宏以無錢糧打請復反

曹成李宏久屯于三龍河時出兵攻德安而宏亦

屯于郢州野無耕種廪無儲積人有飢色咸於上

元日率衆趍漢陽宏亦繼至張用聞成等至漢陽

率其親隨二千人往咸寧與孟振王林復合鄂州

李允文遣人招成等曰若許入城則秋毫不犯若

不容入城則當縱諸軍一蹂踐之允文許其入城遂受招安渡江入平湖門山東門下寨于東門之外漫岡被野接連不斷鄂州無錢糧允文曰可向南自尋之於是成有復反意一日括軍中官貟秀才恐其往江浙說其軍中事欲盡殺之約是夜皆送至帳前而夜中大雨不止至五更忽霽月色如晝而笛聲已催行矣官貟秀才遂得不死成自此往江西

閻勍贈檢校少保

先是閻勍在定遠縣被金人執虜北去金人欲官

使之不從被殺上聞之悼惜不已贈檢校少保
金人寇西京西碧潭翟興遣彭玘伏兵井谷擊敗之
金人擁鐵騎數萬北南河寄治所西碧澗時翟興
以乏糧方散遣諸部就食於諸邑所存親兵才數
千報至人情危懼興安坐自若徐命驍將彭玘受
以方略設伏于井谷遇金人佯爲奔北金人果以
銳士二十八騎馳幾及玘軍伏發皆獲之乃酋長
忽沙郎君十州郎君柳檝郎君佛面郎君等餘衆
皆潰乘勝追襲至會坑口大張小張店還
秦檜參知政事

秦檜除參知政事具辭免賜詔不允有曰安社稷爲悅嘗抗死以力陳與鳥獸同羣卒奉身而旋返虜歎子卿之不屈人嘉季友之來歸皆的句也檜既爲參政謂宰相可得嘗因奏事言曰 陛下如能用臣爲宰相臣必有聳動四方之事 上黙然

二月戊辰朔祝友受劉光世招安

祝友在新市薛店也欲侵宣州以阻水不克渡會劉光世自鎮江遣人招安友留使兩旬方許受招安是時友之衆四散虜掠有至廣德軍者有至安吉縣者據安吉縣幾半月餘亦無一丁官軍誰何之

唯韓世忠差人齎榜至昇慈步張掛而已友既受光世招安王冠在溧水縣駐軍友移書借路趨鎮江冠不從友以兵擊冠軍冠軍大敗友自此取句容趨鎮江府光世分其兵以友知楚州先是史康民在淮南與友合軍康民之軍極富以金寶賂光世光世喜康民遂得進用

十五日壬午張榮屠通州

張榮在鼉潭爲金人破其茭城遂率舟船至通州過捍海堰欲出海復歸京東爲水濤所阻不得去遂據通州糧且盡取人爲羓斷其首斫其兩臂兩

脛以鹽淹曝乾用充糧食得脱者無幾
馬進陷筠州知軍州事王庭秀棄城走
張俊軍于洪州與馬進對岸下寨進日來挑戰俊
堅壁不出進遂寇筠州知州王庭秀棄城遁走進
遂陷筠州
馬進陷臨江軍
馬進陷臨江軍閱視軍資庫有撚金小盤龍紅袍
段一乃四川進御之物以路不通寄留于庫中進
以爲李成受命之祥遣人送成成視之長嘆曰馬
防禦不察成心耶即命焚之

二十二日己丑國奉卿趙瓊劫金人舟船于清河口獲户部尚書印
金人既得楚州始計置運河并閘水悉以江浙虜掠舟船自洪澤口入淮至清河口是時國奉卿以楚州既陷居于趙瓊寨中與瓊謀劫其舟船乃以二百餘人夜掩不備劫之有被虜貴官二十餘家各稱其氏族一自皆婦人稱是尚書右丞李梲之妾持户部尚書印并一玉甕可容二升許奉卿無妻遂取其婦人而土豪徐宗成取其印并玉甕云梲自在建康被拘執而來途中已死矣一婦人言

是陳邦光之親屬有一男子肥而大自稱我是王大郎王善也亂兵殺其弟五官人者善曰我嘗提二十萬衆橫行中原不期在此中不能保存一弟爲人所殺舟中之人拋擲珠玉金銀乞命者徹旦不止是時舟中尚有金人藏艎板下不敢出質明舟中金人認得不是官軍皆出鬬又金人有救兵至民兵乃退

桒仲爲襄陽府鄧隨郢州鎮撫使

桒仲在京西連跨數州無糧食人相食啗又屢爲金州兵所敗欲引衆北去至棗陽承朝廷指揮除

襄陽府鄧隨郢州鎮撫使遂回襄陽駐軍金州王
彦幕屬續觱以爲非便乃投劄子具說利害與宣
撫使張浚乞不除仲鎮撫使曰竊聞朝廷除桑仲
襄鄧隨郢鎮撫使遠近驚疑莫不解體且以譚兖
守鄧州披荊榛保孤壘屢戢大盜奉朝廷法令隱
然若一長城曽不得鎮撫使而仲乃得之是奨亂
也咸以謂朝廷在遠未詳仲凶逆之狀苟稍知之
必將令兖輩梟其頭顱以懲姦慝豈有以四郡數
千里之百姓委之餓虎之喙乎仰惟相公奉便宜
聖旨爲國家大明黜陟豈可不從權易置耶又仲

連敗屻於安康此正天亡之時若使兖併力勦除稍伸國威而以鎮撫使命兖則忠義者知勸而盜賊少戢矣夫兖鎮襄陽則漢沔漸寧人知畏慕式固朝廷基本利害甚大伏望相公特賜收採疾速施行浚雖知其非便深嘉甗言而不能用

三朝北盟會編卷第一百四十四

三朝北盟會編卷第一百四十五

炎興下帙四十五

起紹興元年二月二十六日癸巳盡四月十日丙子

二十六日癸巳詔侍從條具時政中書舍人汪藻上書

書曰准尚書省劄子二月二十六日三省同奉手

詔右臣竊惟人君當承平之時中原無犬吠之警

人臣以未見未然之事自下廟上甘心蹈鈇鉞之

誅義士猶不以爲難今國家之危如坐燒屋之下

漏船之中陛下宵旰憂勤未知所以極救之術

而求言於臣等儻猶狃習故態用偎并之辭取塞

詔旨而已豈臣等惓惓効忠於　陛下之時也臣
昨𡨋踵温州嘗蒙　陛下賜以條對臣以爲方今
所急者唯馭將一事更無他說譬禦飢者當用食
捨食之外皆非所急也已疾者當用醫捨醫之外
皆非所急也　陛下不以臣爲愚雖不克施行然
頗加採納臣今日區區之意猶守前見敢再爲
陛下陳之古之進説者曰人君恭儉愛人清心省
事建立法度制禮作樂豈非甚盛之舉而至美之
談歟是數者人君不可須臾而忘然今日用此則
未足以解紛何則虜騎充斥於中原羣賊跳梁於

諸路陛下專於恭儉愛人清心省事而已爲足
以卻之乎專於建立法度制禮作樂而已爲足以
卻之乎是以　陛下能使諸將諸將使士卒爲足
以卻之而　陛下諸將爵禄已極家貲已盈習成
悍驕無復鬬志一方有警輒狐疑相視無一人奮
然爲國請行者或致迫不得已而行則邀例外之
賞肆無名之求上不恤國下不恤民使朝廷爲之
黽勉曲從不啻如奉驕子是豈爲國家平禍亂立
功名之人哉臣於此有馭將之説三焉惟　陛下
留神察一曰示之以法二曰運之以權三曰别之

以分何謂示之以法古者人君之於將帥未嘗一日廢賞亦未嘗一日廢刑如冬夏寒暑然相須而成豈有獨恩無威漫然略不繩治如今日之甚者哉議者謂承平之時朝廷尊榮操縱在我故武夫提兵者可予可奪可生可殺今溥天搶攘國難未已方籍此曹爲腹心孜孜拊循猶懼不濟奈何欲拂其心將誰肯前死且令諸將悍驕已成雖朝廷有法果能一一治之乎此言是也然臣所謂治之法者豈欲明主自親其文哉古者人君以恩結人臣爲朝廷任其責者肅宗在靈武廣平王以兵二

十萬復長安其權可謂重矣先驅不肅顔眞卿劾
之王爲之不敢當闕而乘李祐夜入蔡州縛吴元
濟其功可謂大矣違詔進馬温造劾之祐曰今日
膽落於温御史夫先驅不肅違詔進馬於軍政未
有害也而二臣巳不貸如此蓋小過不貸則惡之
大者知朝廷有人不復敢萌於胷中矣今諸將雖
驕然臣得之傳聞亦尚知畏朝廷之法而陛下
羣臣平居時聚談切齒無不以諸將負國爲言及
進言於陛下不過掎摭目前爲違責進身之資
而巳至此事則未嘗有一言及之者豈以爲細故

而不足言也哉揣　陛下非所樂聞而不以告耳
殊不知　陛下重於用恩之過而驕有司時一警
馬是　陛下結其心者愈固而愈深也何不樂聞
之有哉何謂運之以權臣聞馭將如馭馬必馭者
之力足以勝馬然後周旋曲折唯我之聽不然竊
銜詭轡毁首碎胷雖跬步之間能不使之前矣漢
高祖之諸將其梟雄而難制者莫如韓信方其厄
於滎陽漢固危甚人人懐去就之心高祖一旦入
其軍中自稱使者即卧内奪其印符麾召諸將易
置之信蓋不知也及信下魏代輒收其精兵以距

楚既敗項羽死垓下則又盡奪其軍徙爲楚王以信之材而周旋曲折唯高祖之聽者豈不以其智足以勝之故耶信嘗曰陛下不善将兵而善将将是信自知其材惟高祖足以制已故甘心俛首爲之用而不辭也大抵人君之於将帥必有要領而使之心畏誠服者謂解衣推食便足以其驩心者果非也唐憲宗時劉闢叛蜀宰相杜黄裳度惟高崇文足以破之而崇文素憚劉澭使人謂曰公不奮命者當以澭代崇文懼盡力縛賊以獻是以澭代崇文者黄裳得其領要也高祖之用韓信其

術亦豈出此哉今　陛下諸將倉卒之時可奪其
印符而易置其部曲乎於戰勝之時可收其精兵
而用以自衛乎於立大功之時可奪其全軍而使
之歸鎮乎臣有以知　陛下不能矣幸今諸將皆
齷齪常才固不足深忌萬一有如韓信者不知
陛下何以待之如此則平居之時亦當深察其好
惡如以劉澭代崇文之術不可不知也何謂別之
以分漢高謂功臣曰諸君知獵追殺獸者狗也而
發縱指示獸處者人也今諸君徒能走得獸耳如
蕭何則發縱指示者也蓋古者用兵謀臣坐於幃

幄之中以出籌策而將帥則聽於命令爲之役使
此命之所以行而功之所以成也高祖所與謀者蕭
何張良陳平而已黥彭之徒不得而與也蜀先主
所與謀者諸葛武侯而已關張之徒不得而與也
今大臣之任宰相執政是已陛下以爲謀之不
臧數朝諱擇而易之可也獨不可使武夫參預其間
竊觀陛下對大臣不過數刻而諸將皆得出入
禁中是大臣見陛下有時而諸將無時也臣非
不知艱難之時陛下欲得其心始與之無間然
此曹何所知識必不能上補聰明不過入則希求

恩澤出則憑藉權勢而已此道路流傳遂以爲
陛下進退人材諸將或與焉以　陛下英睿擇善
而從顧於此曹何有然致是言者恐必有可疑之
迹不可不（廟諱）也又廟堂者具瞻之地大臣爲天子
建立政事以號令四方者也今諸帥率驟謁徑前
便衣密坐視大臣如僚友百端營求期於得而後
已朝廷豈不且畀哉　祖宗時武臣莫尊三衙見
大臣必執檛趨庭肅揖而退非文具也以爲等威
不如是之嚴不足以相制以今觀之一何凌遲之
甚也兼國家出師遣將詔侍從集議者所以（廟諱）之

重慱采衆人之見也而諸将必在焉夫諸将者聽
命於朝廷而爲之役使者也乃使之從容預謀彼
既各售其説則利於私者必不肯以爲可行便於
己而不便於國者必不肯以爲可罷欲責其冒鋒
鏑趍死地難矣臣愚以謂自今諸将當律以朝廷
之儀每有奏陳必使之如有司之式毋數燕見其
至政事堂亦有
祖宗故事且無使參議論之餘
庶名分不至混淆而可以責功効是三説者果行
足以駕馭諸将矣何憂乎保民何艱乎弭盜何患
乎遏寇哉若夫國財之生則臣願
陛下毋以生

財爲言也自五六十年來士大夫喜操生財之說
民窮至骨矣今四方奔爲盜區國家所有不過數
十州而已所謂生者必生於此數十州之民古者
以暴賦横歛爲非尚有賦歛之名也今則直奪而
已耳古者以收太平之賦爲非尚有其半也今則
直盡而已耳南畝之民寒耕暑耘犁面塗足終歲
勞苦而不厭糟糠者　陛下不得而見也胥吏坐
門朝暮不得休息愁歎之聲日與死比者　陛下
不得而聞也貼妻賣子至無地可容其身者　陛
下不得而知也尚何以生財爲哉惟痛加裁損庶

幾乎其可耳外之可以裁損者軍中之冒請内之可以裁損者禁中之汎取何謂軍中之冒請朝廷不得已而取民之財當一銖一縷一粒以養戰士今一軍之中非戰士者率三居其二有詭名而請者二一而挾數人之名是也有以使臣之名而請者而使臣之俸實兼十人戰士之費而行伍中使臣太半是養兵十萬而止獲萬兵之用也有借補官資而請者異時借補猶須申禀朝廷謂之真命今則一軍之出四方游手者無不竄名軍中既得主帥借補便得支行禄廩與命官一同無有限極

訪聞岳飛軍中如此類者幾數百人州縣懼於憑陵莫敢訶詰其盜支之物至不可勝計不惟是而已自軍興以來州縣貪殘之吏惟患盜賊之來一聞入境則便置軍期司率斂民財無復稽考恣爲侵漁與盜無異此而不治雖財賦日生於國家果有秋毫之益哉何謂禁中汎取臣竊觀國家軍兵之餉百官之廩乘輿之奉悉在有司禁中時有須索如戶部銀絹以萬計禮部度牒以百計者月有進焉以 陛下清心寡欲必無嬪嬙橫給燕游侈費也以 陛下恭勤節儉必無營繕浮耗使令妄

予也然人主用財要須有司與聞用而無
名是取民膏血擲而棄之溝中耳至於度牒則國
家以虛名而權天下之實利　陛下用之以重則
重　陛下用之以輕則輕免一時掊斂之瘡痍而
實濟軍興之用誠非小補幸無以方寸之紙捐以
予之而不之惜也若內外並加裁損大農之計雖
至有餘其視不知節用而專務生財者有間矣
陛下所以詔臣者臣固已畢陳於前矣而臣有私
憂過計者敢復言之臣聞坤之初六曰履霜堅冰
至象曰履霜堅冰陰始凝也馴致其道至堅冰也

蓋患之不可不預防也如此自古以兵權屬人久
而未有不爲患者此不以予之至易收之至難不
蚤圖之後悔無及耶晉以六卿帥師而卒於分晉
者六卿也魯三家帥師而卒於弱魯者三家也漢
自元成兵在外戚而漢由是以亡唐自中葉兵在
神策而唐由是以亂古今一同此必然之理也國
家以三衙管軍而一兵之出必待密院之符　祖
宗於此蓋有深意今諸軍之驕密院已不得而制
矣臣恐冦平之後方有勞聖慮孔子所謂吾恐季
孫之憂不在顓臾而在蕭牆之内也臣嘗觀自古

偏方霸國提兵者未嘗乏人豈以國家四海之大
雖曰多故而將帥之林遂至於寥寥如此哉意偏
裨之中必有英豪特爲二三將臣抑之而不伸耳
臣以爲及今之時當用漢建諸侯之法衆建之而
少其力精擇偏裨十餘人裁付兵數千直隸御前
而不隸諸將合爲數萬以漸銷諸將之權此萬世
計也惟　陛下勿以臣人微而忽其言不勝幸甚
遺史曰藻之言深切時務偉矣哉唯論將帥之名
分抑之太甚不能無文武黨比之私其言使將臣
毋數燕見者是豈知蜀先主與關張同卧起使將

臣無得參議論者是豈知漢光武與賈復輩論朝
政藻徒知三衙見大臣執檛肅揖之恭而不知廟
堂延接自有官制高下之式藻又謂此曹何所知
識是待将帥以無人矣此書既傳兵将官皆不堪
之有令門下進士作不當用文臣論者其略曰今
日誤國者皆文臣蔡京壞亂綱紀王黼收復燕雲
之後執政侍從以下持節則喪節守城則棄城建
議者執講和之論奉使者持割地之說提兵勤王
則潰散防河拒險則遁逃自金人深入中原蹂踐
京東西陝西淮南江浙之地爲王臣而棄民誤國

敗事者皆文臣也時時有一二竭節死難當橫潰
之衝者皆武臣也又其甚也張邦昌爲僞楚劉豫
爲僞齊非文臣誰敢當之自此文臣二途若冰炭
之不合矣

桑仲以霍明知郢州
郢州新遭張用曹成之後百室無一二存者桑仲
以其黨霍明領兵二千知郢州明耶鄲人爲遮鋪
曹司有膂力善戰而敢殺

孔彥舟陷潭州

三月十二日己酉張俊敗馬進戰于玉隆觀進走江州

初張俊進兵急趨豫章至則喜曰我已得洪州破
賊必矣乃復歛兵若無人者金鼓不動令將士登
城者斬居月餘賊首馬進以大書文牒使來索戰
俊復細書答狀以驕之又命王燮閱水軍於江中
以疑之賊勢方強謂俊爲怯戰俊諜知賊稍怠已
西遽命大軍亟行徑濟生米渡遇賊先鋒擊敗之
于玉隆觀乘勝追奔次筠州進方擁十數萬衆據
筠州進者成之驍將也出兵背筠河先守要地俊
領步卒與賊迎戰命統制陳思恭岳飛楊存中等
分兵兩道以午爲期視旌旗所嚮兩道俱進俊前

擊至午兩道精騎自山馳下賊駭亂退走死者數萬人俘八千人俊督銳卒追至城下賊力不枝乃夜遁走遂復筠州臨江軍所俘者八千人俊疑復叛是夜遣陳思恭盡殪之進之據筠州也三月旦日設香案望闕而拜有黑風如蓋自天而下漸低乃聞有聲徐視之則散而爲羣鴉不啻數萬諠譟于庭中剋擇官以爲不祥進曰何以禳之剋擇官曰當易旗幟改軍號可禳也進從之即命易旗幟改軍號而申成照會成見之不喜謂進有背戾之心回報責之至是果敗筠州退去南康軍遇巨師

古兵與戰師古軍敗是時崔增以水軍往南康軍
到之日適見師古新敗横屍滿野而進走江州矣
增以舟船聽俊節制
金人没立攻和尚原吴玠禦退之
没立攻和尚原吴玠擊敗之玠加忠州防禦使兼
帥涇原
賜張深程唐劉子羽奬諭詔
朕治兵南服屬意西陲眷秦雍之疆歲被胡塵之
擾連巴蜀之阻日聞邊遽之驚念此傷夷痛如焚
灼倚注樞臣之重揔提師律之嚴雖云堂上之奇

兵自能制勝允藉幕中之婉畫相與圖全卿起自
儒家明於將略閥閱通於禁苑未減頗牧之賢韜
鈐贊於廟謨必合孫吳之法山川跋涉歲月淹留
挫彊敵於方驕賈餘勇而再振執訊獲醜斬將搴
旗成兹克捷之功緊乃參佐之力筭計見効嘉歎
不忘然念虎狼哮噬之無厭豈勝其忿熊羆奮勵
而有獲所戒者輕更懐持重之思助成戡難之烈
嗣肦異賞寧限彝章

張浚徙治閬中

桑仲以李道知隨州

李道者相州人李旺之弟也東京留守宗澤以事
斬旺令道管其軍道之南也以一軍孤立遂寄系
仲軍中呼李道一軍爲寄軍時隨州闕知州仲令
道至隨州聞通判王彥威在洪山即請歸州彥威
既至道令彥威掌州印彥威力辭不可而道遂掌
之是時北方僧來投洪山者戒牒圖有一千六百
餘衆寺中不能贍給又有州縣官及寄居僅百家
皆仰給于寺中住持僧慶預計糧食將盡不可以
支乃集官員僧衆陞堂爲說糧盡之意見任寄居
官之家一例更供贍一月一月之外請自營求在

寺僧行曰給米二合皆以爲其言合理而怨者僧之老者僧童之小者皆餓死官負携老小尋路而南有達者有不達者衆僧請慶頭别供粥飯慶頭終不從亦日食米二合而已慶頭郢州京山縣人也自孩童如成人鄉閭皆敬異之後祝髮事浮屠禪學甚高與綿州覺了隰州性覺同得法于丹霞淳長老守洪山以拒羣賊環繞數百里地人煙悉爲盜境而洪山獨全慶頭之力也

孔彦舟自潭州以兵攻陷衡州柳全求道州執安撫使向子諲

以鼎澧辰沅靖邵全州武岡軍爲荆湖西路就除程
昌禹知鼎州充荆湖西路安撫使
鼎州兵火之後龍陽沿江殘破爲甚賦所入僅給
本縣官吏而已武陵鄉村半爲賊區桃源邊澧州
界數爲劉超雷進擾田畝荆榛賊入稀少倉庫空
匱官兵錢糧不以時給於是朝廷以鼎澧辰沅靖
邵全州武岡軍爲荆湖西路就除程昌禹知鼎州
充荆湖西路安撫使昌禹既輟兵北援澧州又於
龍陽新縣邊城要地列置諸寨屯兵守禦是時賊
勢強盛四面交侵官兵力寡分布不足遂下屬郡

調發洞丁刀弩手及東南第八將兵弓手以助蔡
兵守禦兵數既增錢糧益窘又值歲歉斗米三千
五百文餓莩相仍勢甚急具聞于朝待報不及即
檄辰沅邵全四州取撥諸司錢物以給軍食矣
捷懶攻張榮於泰州縮頭湖爲張榮所敗撻懶退走
張榮在通州以地勢不利率舟船入縮頭湖作水
寨以守撻懶在泰州謀再渡江欲先破榮水寨盡
載兵于舟直犯水寨時榮亦出數十舟載兵與金
人船相遇金人有戰艦在前不可近榮遑遽欲退
不可榮望金人舟徐顧其衆曰無慮也金人止有

戰艦數隻在前餘皆小舟方水退隔泥淖不能岸我捨舟而陸殺棺材中人耳遂皆棄舟登岸大呼而殺之金人不能騁舟中自亂溺水或陷于泥淖者不可計撻懶收餘衆約二千奔還楚州泥淖中金人猶有未死者凡兩三日誅戮始盡自京東來未曾承王命到軍中遂無路告捷聞劉光世在鎮江府乃遣人願聽節制且上功狀光世大喜聞于朝廷而榮得右武大夫遥郡觀察使知泰州

節要曰撻懶寇淮東撻懶不也攻張敵萬泰州縮頭湖水寨爲敵萬敗之獲撻懶之壻户不剌盧達反

及俘馘蕃漢軍五千餘衆

賜襄陽府鄧隨郢州鎭撫使桑仲奬諭勅書

勅桑仲朕惟疆虜亂常中原失馭凡王靈之靡及皆冦虐以顓行汝盡節朝廷有功江漢見姦人之專殺用國法以成禽坐使羣方肅然知畏剡章來上良用歎嘉故茲奬諭想宜知悉

劉光世鑄招納信寶錢招納歸附

捷懶在承楚欲爲久駐之基哆然有吞噬江左之意光世知其久去國戍遠方其衆思歸而有嗟怨之聲也謂可以離間其心即命鑄三色錢以金銀

銅爲之其文曰招納信寳背有使押字爲號獲戎
人之稍解事者貸而不殺説諭彼我利害向背曲
折餞以酒肴俾持錢密示儕輩有欲歸附者叩江
執錢爲信而納之自是歸者不絶未幾得女眞契
丹渤海漢兒萬人無室家者則爲之取婦給良馬
器仗使出戰前後立功爲最創立奇兵赤心兩軍
張榮入泰州
張榮既勝撻懶引衆入泰州授横行遥郡知泰州
之命
李允文殺知岳州袁植

李允文以沿江措置副使知鄂州袁植知岳州各
得朝廷指揮許截留上江綱運招軍允文在鄂州
招集軍兵稍盛朝廷差高某來代允文不悅乃集
諸軍官望闕拜表乞留允文允文遂拒高某不納
岳居鄂之上流植截留綱運不放下江允文怒直
牒植取之植得牒擲于地差來人曰綱運發與不
發在州府然某期違限則必死請回文歸鄂州植
曰無回文唯取某牒批示李允文已承朝命差官
爲代其公牒不可施行允文得牒大怒會劉忠犯
岳州植出城避之允文即遣吳錫段貴等率兵至

岳州數其棄城之罪執植以歸植死于途中或曰
允文使殺之也允文以吳錫知岳州馬友取道之
湖南錫聞友至乃退軍于潭州益陽縣遂知縣魏
舜臣遂據益陽縣

金人聞張浚退軍閬州遂擾熈河而歸

金人至德順軍以兵少不敢留秦亭聲言分三道
而獨出洮邊掠熈河熈河素多馬金人駐兵搜取
無遺張浚置司閬州五路陷没劉惟甫䟽其罪而
刑之秦鳳路統領官關師古收餘兵保岷鞏劉錫
屯階成金人自熈河東還殘階成去入散關過漫

天坡郭奕爲詩曰大漫天天是小漫天小漫天是大漫天只因大小漫天後遂使生靈入四川又有詩曰秦山未盡蜀山來日照關門兩扇開刺史莫嫌迎候遠相公新送陜西回後奕罷宣司幹官與通判不恊不赴往普州賣蒸餅爲生晏如也

李成徒黨據興國軍執知軍李儀

李成分遣馬進既占興國軍進留徒黨在興國遂深入西及遭張俊之敗乃執知軍李儀奔淮南後儀及一親隨僕人遁走得免儀身看衲襖中有碎金數十兩至江州對岸一小寺中腰間出興國軍

印示其主僧求安下且煩僧尋一小舟濟渡僧見儀衲襖中是有物者遂謀殺儀夜并其親隨僕人以繩繫殺之摒其屍棄於寺後半夜大雨僕人稍蘇活自解其繩留繫身邊移足欲行覺有屍在地天色雖陰黑僕人認之是儀也乃枕屍而祝之曰若得性命渡江願與使頭雪冤僕人質明走數十里叩江邊小舟乃渡詣江州密訴盡捕院中僧行出官鞠勘是實追黃金數十兩興國軍印乃擲棄江中不獲僧人與同惡者皆陵遲處斬於是興國軍後降紹興新印賊在興國軍半年儀能調護之

無秋毫擾民民感儀之惠爲立生祠
二十八日乙丑張俊敗馬進于江州
馬進筠州之敗張俊追至奉新樓子莊賊將商元據草山狹險設伏俊熟視山峻路險度必有伏乃遣步兵從間道直趍山頂殺伏奪險乘勝殺至江州進等拒戰不勝絶江而遁遂復江州自是俊軍有張鐵山之號是時與國軍諸處羣賊悉皆奔竄矣初俊復筠州臨江軍奏捷 上親筆諭曰以李成之狡獪馬進之猖狂盤踞已深根連已固卿奮勵決策頻有克捷快士民之意釋朝廷之憂且

朕待卿最親卿事 朕最久君臣之際休戚是宜乘賊勢之已衰當官軍之已振驅除勦戮速收全功詔猶未到軍又有江州之捷

賜李成軍中詔

朕承 祖宗之休託民庶之上念連歲腥羶之變禍不勝言聞一夫屠戮之裁痛如在已而李成者生本邊隸世蒙國恩乘朝廷多事之時爲盜賊亂常之首假順欺衆拏兵累年 朕方待以開懷冀其悔過屢下自新之詔勉行姑息之恩裂數郡以開藩封疆特大遣使人而将命錫賚相望而成敢

負眷私專懷凶狡每候胡塵之警反爲王旅之讎
挾持兩端倡獗萬狀自謂能欺於天地人皆洞見
其肺腑乃至擅離淮右之區越蹂江南之地既包
容而愈悖豈征討之得辭爰遣將臣前臨賊境裁
旌麾之一指俄壁壘之四摧動輒有功捷無虚日
顧全師之盡北知元惡之靡逃往即屠之勢無難
者言念脅從之衆孰非涵養之餘失身一陷於豺
狼終歲莫還於田畝骨肉至于離散頭顱莫保於
全靖言無辜有所不忍已勅令於主帥專擒取於
渠魁凡汝有徒赦而不問以示好生之德以昭除

亂之誠於戲國有大刑所冀鯨鯢之必得民皆赤
子豈容玉石之俱焚洛爾染污之倫體吾宏貸之
意速違亂略永保嘉生張俊討李成屢有捷奏
上欲殲其渠魁而已憫其脅從故有是詔
四月一日丁卯朔陳彦權興國軍
陳彦以班直出官爲興國軍巡檢李成徒黨賊馬
進既退彦入城軍民請彦知軍事彦令士案具見
在城中文武官職位姓名有朝請郎董某者監大
治縣銀錫彦委請權通判有武翼郎胡某者委請
權都監次第委請州縣官皆有條理唯董某怏怏

不足有權軍之意軍民厲聲而呼曰無事之時當用文官多事之際冝用武官今已請陳知軍衆意皆同誰能間之彦乃命吏牒董某還歸本任董某逡巡聽命遂權通判

十日丙子康淵克通州

劉光世遣將康淵往通州入其城以收復告

三朝北盟會編卷第一百四十五

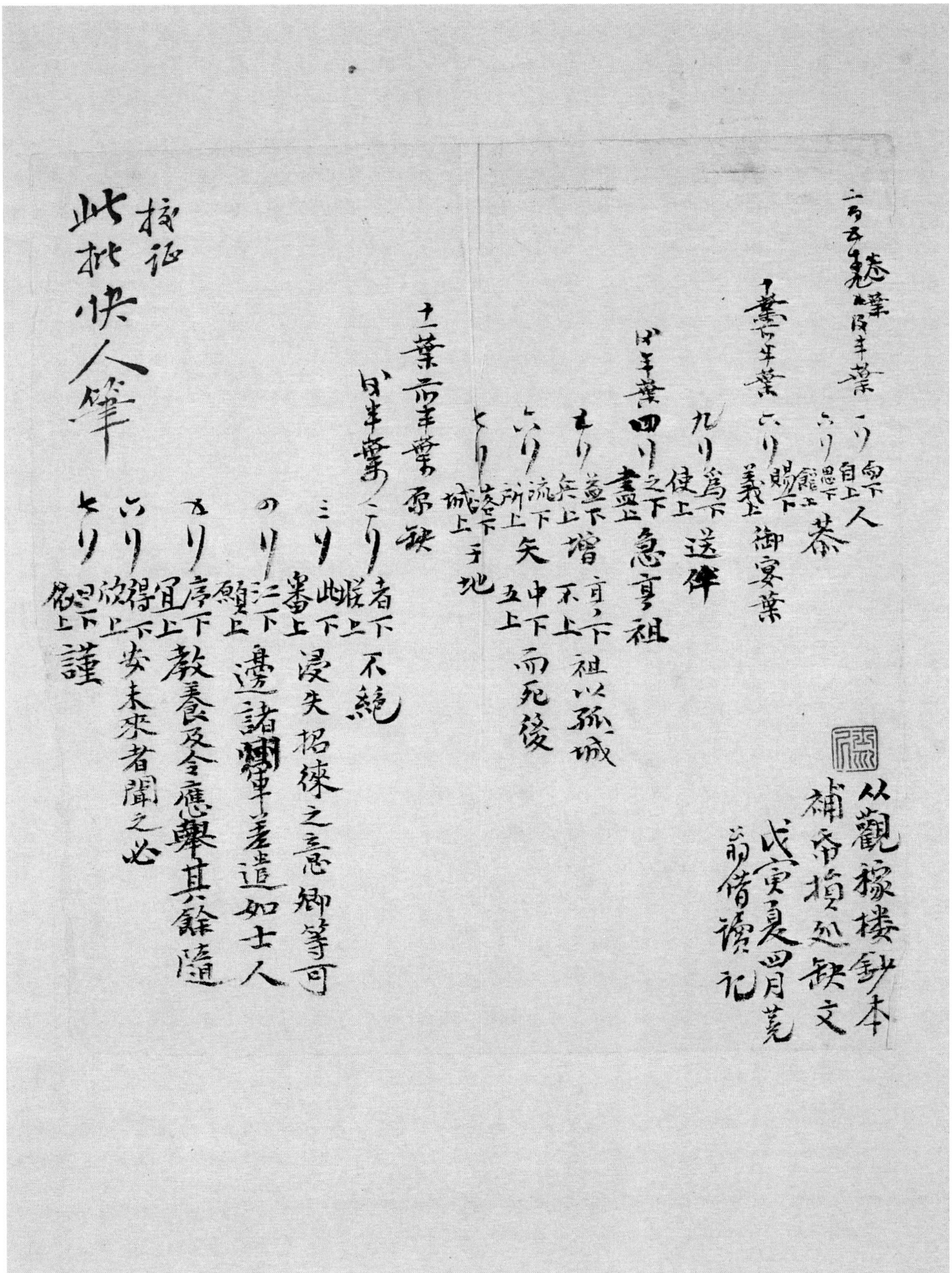
從觀稼樓鈔本
補脩損處缺文
戊寅夏四月蕘
翁借讀記

二□五葉後半葉
一行 南下 人
六行 自上 恩下 館上 恭
十葉前半葉
六行 賜下 義上 御宴葉
九行 爲下 使上 送俸
四半葉
四行 之下 盡上 急事祖
五行 益下 兵上 增 事下 不上 祖以孤城
六行 流下 所上 矢 中下 五上 而死後
七行 落下 城上 于地
十二葉前半葉原缺
後半葉
二行 者下 脱上 不絕
三行 此下 審上 浸失招徠之意卿等可
四行 江下 願上 邊諸□差遣如士人
五行 序下 宜上 教養及今應舉其餘隨
六行 得下 放上 安未來者聞之必
七行 器下 名上 謹
校記
此抄快人筆